ちくま新書

# ルポ　母子家庭

小林美希
Kobayashi Miki



1125

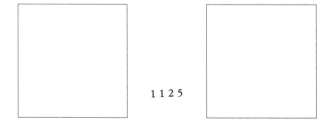

ルポ 母子家庭【目次】

はじめに　007

第一章　母と子の悲しい現実　013

娘への過度な愛が夫を変えた／収入がなければ離婚もできない／働く場所を探すことも難しい／躁鬱になると子どもどころではなくなる／保育士への勇気ある告白／娘との二人三脚／一〇代での国際結婚／夫の逆ギレ／シングルマザーの金銭事情／仕事と子育てに引き裂かれる／お金がなければ孤独になるしかない／彼を信じてたのに……／子どもがいるから正社員になれない／働きたいけど働けない／母子家庭スパイラル／再婚、一時の幸せ、しかし……／子どもがいるとフルタイムは難しい／子育てのジレンマ

第二章　崖っぷちに追い詰められる理由　053

障がいをもった子と母／お金のためやむをえず離婚／母が付き添い療育支援へ／障がいを見て見ぬふりをする可能性／親の介護で別居が原因？／夫婦仲の悪化／体ひとつで逃げ出す母子／母も子も非正規労働／三〇年間シングルマザー／未婚出産が認められない土地／産後うつ／離婚が当

たり前ではない空気／若年出産のリスク／中学三年生の妊娠／一〇代の妊婦への公的支援／子どもが子どもを産まなければいけない

第三章　制度の矛盾に苦しめられる　089

低賃金の介護でのダブルワーク／夫の借金／同じ境遇の母親を支援したい／大学の現場からみえるもの／介護職はいつまで続けられるか／幼稚園教諭から介護職へ／病院内で横行するセクハラ・パワハラ／夢をかなえようとした時に発覚した妊娠／マタハラ地獄／ハラスメントを訴える／資格の壁／雇用の調整弁としてつかわれるシングルマザー／離婚したくても離婚できない苦悩／家庭内別居のつらさ／首絞め事件／ダメな夫の子どもへの影響／難航する離婚調停／子どもの心の傷は大きい／アルコール依存の夫／兄には溺愛、弟には暴力／生活のため残業をすればするほど費用がかかってしまう／仕事と子育ての両立の困難

第四章　それでも生きていくために　141

より安定した仕事を目指して／二度目の離婚／ひとり親への支援事業／看護師という需要が高い仕事／職場結婚のつらさ／夜勤という母子家庭にはきついハードル／実家がなければやっていけない／大企業で働く母／夫をなくしたショック／中卒でも好待遇／夫がいなくても頼れる人がい

ることが大切／地元の名士の妻の息苦しさ／元夫の自殺／シングルマザーを支援したい／忙しくても仕事を続けられる環境を／子どもが自己肯定するためには／シングルマザーのためのシェアハウス／子どもに集中する時間をつくるために／体験者の経験／誰かに話せる幸せ

第五章　母子を支える手　187

企業の意外な対応／保育所の対応の差／どのように子どもと接するべきか／三〇年での母子家庭への社会の変化／最低賃金の改善／子どもと大人をつなぐ無料学習支援の場／六人に一人は相対的貧困／子どもの可能性を広げるネットワーク／母子家庭で育つということ／一人でも育てられるキャリアづくり／女性の就業に力を入れる企業の声／求人サイトも動き出している／ひとり親の在宅就業支援／生活にみあったダブルワーク／インターンシップの可能性／能力を発揮できる環境へ／必要とされる喜び／働きやすい職場をつくれる／出産・育児をフォローする仕組み／弱いものを守る社会へ

おわりに　242

できるものなら離婚したい――。そう思っている女性は少なからず存在する。

取材している中で、ある出来事をきっかけに本気で離婚を決意したという話をたくさん聞いたが、よくよく取材を重ねていくと、それ以前から離婚の兆候があるケースがほとんどであった。家にあまり帰ってこない、生活費を入れてくれない、上から目線でしか話をしない、など、どこの家庭でも少しは起こり得る問題がその背景にはあることが見えてきた。それでも、「シングルマザーでやっていく自信がない」「子どものために耐えよう」という消極的な理由で、なんとか離婚を我慢しているシングルマザー予備軍の声もあった。「うちには関係ない」と感じている男性もいるかもしれないが、思うよりずっと離婚を意識している女性は多い。

少し前のものとなるが、興味深い調査結果がある。第一生命経済研究所が二〇〇六年に全国の三〇～六〇代の既婚男女八〇〇人に聞いた「結婚生活に関するアンケート調査」で、

「離婚したいと思ったことはあるか」という問いに対して、「よくある」「時々はある」の合計が男性は二六%であるのに対して、女性は三六・二%と一〇ポイントも高かった。また、女性のその割合は三〇代と六〇代という子育て世代と高齢世代で突出していた。

子育て世代の女性が離婚を考える背景として、ベネッセ次世代育成研究所による夫婦三〇〇組を対象にした「第一回妊娠出産子育て基本調査・フォローアップ調査」(二〇〇六〜二〇〇九年縦断調査)のなかの「はじめての子どもを出産後の夫婦の愛情の変化」を見てみよう。「配偶者といると、本当に愛していると実感する」という質問に「あてはまる」と答えた割合は妊娠期では夫婦ともに七四・三%と高いが、出産後、妻側は、子どもが〇歳で四五・五%、一歳では三六・八%、二歳で三四%と大きく減少している。また、同研究所の「首都圏・地方支部ごとにみる乳幼児の子育てレポート」(二〇一〇年九月)によれば、三人に一人が一日のほとんどを母子のみで過ごしていることがわかる。そのうえ、夫の平均帰宅時間は全国平均では夜九時頃であり、家事も育児も母親一人で担わなければならないと、夫への愛情に変化が起こるのは当然だろう。

離婚の理由は「性格が合わない」が多いが、「暴力を振るう」、「生活費を渡さない」、「精神的に虐待する」、「異性関係」も多く、夫からドメスティック・バイオレンス(DV)、モラハラ、浮気をされたとしたら、離婚の二文字が頭をよぎっても不思議ではない。むろん、やむにやまれない状況であれば、離婚した方がよいケースも多いだろう。

そのため、シングルマザーになる決断をする人も増えており、シングルマザーの数は二〇一一年度では約一二三万人となっている。そして、その八割が離婚を理由としている（未婚が一割強、死別が一割弱）。

ただ、そう簡単に決断できるものではない。母子家庭の置かれる経済的な環境は決して良いとはいえないからだ。

取材中、出産を機に仕事を辞め、その後離婚したが、子どもがいることを理由に再就職を断られるケースにも何度も出会った。同時にマタニティハラスメントにあい、辞めさせられそうになったという話もいたるところで耳にする。妊娠中、子育て中の働く女性に優しくない職場の問題が根底にある。

たとえ働いていたとしても、日本のシングルマザーの労働環境があまりにも悪く、正社員でも平均年収は約二七〇万円。パート・アルバイトだと、平均年収は一二五万円に過ぎない。

本来なら、別れた父親から養育費が払われるべきだが、厚生労働省の調査では、離婚した母子家庭で養育費の取り決めをしているのは約四割、養育費を現在ももらっているのはたった二割にとどまる。一世帯の平均は月四万円程度だ。それでもデフレ経済が母子家庭の貧困を隠してきた。

生活保護世帯の母子加算は、自立を促進したほうがいいという理由で、段階的に廃止されていった。その後、母子加算は復活したが、生活保護バッシングなどの例もあるように、ややもすれば、困っている者の予算が削られるのが、この国の現状である。

最近、「女性の貧困」や「子どもの貧困」が注目されている。それら個別の貧困も解消されるべきだが、同様に、一見普通に生活しているようにみえる「母子家庭」にも貧困に限らない様々な問題が詰まっている。

実家に駆け込むことができればシェルターになるかもしれないが、それができるとは限らない。子育てで孤立しやすいなかで必死に頑張るあまり、プレッシャーに押しつぶされて親子心中を考えるまで追い詰められることもある。自らも母子家庭に育った母親が、一人で子を育てているケースも少なくない。奨学金を得て進学しても、その返済は終わらず、自分の子どもを希望通りに進学させてあげられるか見通しがつかない。ひとり親でも、いや、両親が揃っていたとしても子どもが豊かに成長できるような土壌がない日本の社会では、あらゆる形で子どもに負の影響が及んでいないか。

子どもを守るには、まず、その親を支援することが不可欠なはずだが、「シングルマザーになったのは自己責任」と言われやすいのが実情だ。しかし、本当に自己責任で済まされる問題なのだろうか。

すぐ隣にいるかもしれない彼女とその子どもたちの生活の実態は私たちには簡単には見えてこない。彼女たちの生活は少しでもバランスが崩れると、瞬く間に最貧困となる。ともすれば、望まぬのに風俗で仕事をしたり、経済的な安定を求めて望まぬ再婚をすることになりかねない。

二〇一五年は男女雇用機会均等法ができてから三〇年、国連で国際女性デーができてから四〇年といういわば〝女性の年〟ともいえる。父子家庭も困難な状況にあるだろうが、本書では特に、偏見が多く雇用のしわ寄せがいきやすい母子家庭についてみていきたい。

夫からの言葉と直接の暴力。たった一人の子育て。派遣やアルバイトと子育てのギリギリの生活。こういった状況で彼女たちはどのようにして生きているのか。そこで育つ子どもの運命はどうなるのか。母と子の厳しい現実に寄り添いながら、生きる希望を探していく。

# 第一章 母と子の悲しい現実

## †娘への過度な愛が夫を変えた

寝ているわが子の首に、思わず手をかけた――。

都心近郊に住む本田晴美さん（仮名、三八歳）はシングルマザーになってから、ここまで追い詰められていた。

学生時代のアルバイト先で知り合った八歳年上の男性と再会して、二年の交際を経て二八歳で結婚。翌年には待望の子どもを授り、可愛い女の子が生まれた。彼はもともとよく知る相手だったこともあって、出産前は仲のいい夫婦だったが、産後に状況が一変した。

夫は娘を溺愛し、すべてが異常なまでに子ども優先の生活となったのだ。

きっかけは、娘がお腹を空かせて泣いたという、ごく普通の出来事だった。「あ、母乳の出が足りなかったのかな」と、本田さんがいそいそと粉ミルクを調乳していると夫が近寄ってきて「なんで泣かせているんだ！」と怒鳴った。「今、ミルクを作っているところ」と答えても「泣いているだろう！」と激怒する。夫は間髪入れず「ママに抱いて欲しくて一生懸命泣いて訴えているのに、それを放っておくなんて、お前は育児放棄している！」となじった。それからは「抱っこをしながらミルクを作れ、放っておくのは虐待だ」などと、延々と説教が続いた。

なにかにつけて暴言を吐かれる生活が続き、「娘が泣く」イコール「夫に怒られる」とビクビク怯える毎日となった。次第に、外出先でも誰か子どもが泣いているだけで、怖くてパニックを起こすようになる。もはや本田さんは完全にノイローゼになっていた。

その頃、夫は派遣社員で職場を転々とし、収入が不安定だった。育児ノイローゼになっているのではないかと自覚し始めた本田さんは、「(精神的に)外に出たほうがいいと思う。お金もいるし、また働きたい」と、夫に相談した。すると、「ママがこうしたいなんて話はどうでもいい。あの子が一番ママにいて欲しい時に子どもを無視して働くのか。他人に子どもを育ててもらおうと思うならはじめから子どもなんて産むんじゃねえ。ママの気持ちなんてどうでもいいんだ。あの子のことだけ考えろ」と凄まれた。

「この家のなかにいる限り、私の人権はない」。本田さんは、そう悟った。「人の収入をあてにしてビクビクして暮らすくらいなら、自分で働いて子どもを育てたほうがいい」。この時、離婚を考え始めた。若さという勢いもあり、迷いはなかった。

## †収入がなければ離婚もできない

ある日、本田さんに借金の督促の電話が来た。夫が借金を隠していたのだ。夫は本田さんの名義のクレジットカードから二〇万円借り入れていた。夫が寝ている時に財布を見ると、消費者金融のカードが何枚も出てきた。

いったいいくら借金をしているのだろうか。結婚前、夫は自営業で、その当時の税金や光熱費の滞納もあり、財産を差し押さえる通知まで届いていた。「大丈夫なの？」と聞くと、「これくらいのことで、ガタガタ言ってんじゃねえ。俺はもっと泥をなめて生きてきたんだ」と逆上する。家財まで差し押さえられる前に離婚しなければと覚悟した。

結婚する前は月一〇〇万円もの収入があったが、結婚する頃には事業が傾き、「とりあえず派遣社員で働いて家計を賄う」と、廃業した。派遣の収入もおぼつかなく、本田さんは結婚を機に専業主婦になっていたため、家計は火の車。財布に現金がまったくない日も珍しくなかった。子どもと散歩中に「喉がかわいた」と言われても、近くのコンビニでお茶ひとつ買えず、カード払いできる一キロ先のスーパーまで歩いた。

離婚歴のある夫には、結婚する時には三歳の子がいて、元妻が引き取っていた。再婚のための新居を構えた時に本田さんが「前の奥さんに新しい住所を知らせてあげてね」と気を遣うと、夫は「知らせない」と返し、養育費も払っていなかった。相手にとってみれば、蒸発したのも同然だ。この出来事を思い出し、「もし私と離婚しても、蒸発するかもしれない。養育費なんてあてにできないだろう」と覚悟した。

子どもが一歳の誕生日を迎えてから夫には知られないよう、離婚の準備に入った。本田さんの両親も離婚していたため、実母の近所でアパートを探し、保育所も見つけた。あとは引っ越し業者を頼めばいいという段階で、年末に「離婚してください」と離婚届を突き出した。決意の固さを感じた夫はすんなり判を押した。お正月、久しぶりに鏡で自分の顔を見ると、一気に白髪になっていたことに気づいた。

## †働く場所を探すことも難しい

本田さんは、大学卒業後に警備保障会社に就職したが、二年で離職した。その会社では九〜一八時までの日勤と一八時〜翌九時までの夜勤があったが、「日勤―日勤―夜勤―夜勤―夜勤―非番―公休」というハードなシフトが組まれていた。夜勤では四時間の仮眠時間が設けられていたが、その時間になると先輩たちが居酒屋に飲みに連れ歩く風習があり、一年も経つと体を壊していた。その後はアルバイトで何か所か働いたが、結婚を機に専業主婦になった。

ブランクがあることも、正社員になるのに不利に働く。アルバイトよりは時給が良いと、派遣会社に登録したが、派遣先との〝面接〟（事前打ち合わせ）では、シングルマザーで子どもが小さいことがネックになり、何社も断られた。

それでも、粘って面接を重ねた。ある信販会社の面接では「子どもが熱を出したら、どうせ休むんでしょ」と煙たがられたが、本田さんは「休めば収入が減ります。子どもとの生活のために働くのだから、休みたくないと思っています。熱を出した時は、身内の助けも含め、病児保育など登録できるところはすべて準備して面接に臨みました。休まず働いて会社に迷惑をかけないように思っていますが、私にとっては自分の生活のためなのです」と主張し、なんとか面接をパスできた。

時給一六〇〇円の派遣社員として再就職が決まったが、激務で二カ月もすると体調が崩れた。会社に行こうとすると頭痛や吐き気におそわれ、次の職場を探した。

また何度も面接で断られる振り出しに戻った。ある派遣会社から「事務系は空きがないけれど営業なら正社員で採る」という申し出があり、営業職につく自信はなかったが「働けるなら、どこでもいい」と、就職を決めた。

派遣会社の正社員で勤務時間は九時から一七時半まで、残業はないという。基本給は月二五万円で決して悪くない条件に思えた。仕事が始まると一日五〇社は企業を回って御用聞きをした。とにかく名刺を置いてこなくては始まらない。しかし、派遣業界は飽和状態で競争が激化しており、門前払いされることが多かった。一日に三枚でも名刺を交換できれば良いほうだった。名刺をくれた相手にはその日のうちに手紙を書いて投函した。

会社のドアに「派遣の営業お断り」と書いてあることもあった。そうした企業には営業をかけずにいたが、それを上司に伝えると「何やっているんだ。そういうところほど営業をかけるチャンスがある」と叱られ、言われた通り従った。

自分が働かなければ生活できない――。離婚して一人で子どもを育てると決めた以上は、なんとしてでもこの子を大学まで出してあげなければ。月二五万円は稼がなければ。給与の良いところで働かなければ――。そんなプレッシャーが日々、襲いかかった。もともと、本田さんは自分で働きながら学費を納めて大学を卒業したくらいの頑張り屋だ。シングルマザーになってからも、その性格は変わらなかった。

そのうち、街でビルを見ると「入らなきゃ」と脳が反応するようになった。しかし、怖くて入れない。そんな自分を「職務怠慢だ。なんでこのビルに入れないのか」と責めるようになり、泣きながら街を歩くようになった。職場でも、そわそわして座って仕事ができなくなり、五分おきにトイレに行く。そんな姿を見て心配した会社の同僚から「うつ病ではないか」と言われたことをきっかけにクリニックを受診すると、うつ病と診断された。

実家の母に相談して、治療に専念したほうが良いと判断し、会社を辞めた。母の勧めで生活保護を申請した。生活保護を受けることには抵抗があったが、やむを得ない状況に陥っていた。生活保護からは約一五万円支給され、それに加えて別れた夫からは、養育費が月五万円振り込まれた。生活保護世帯だと、医療費や保育料の負担がゼロとなり、それも生活の助けになった。それでも、精神的に働ける状態になれば週に一日でも二日でも働いた。

厚生労働省によると、生活保護を受給している世帯のうち母子世帯は二〇一四年二月で一一万二七四三世帯となっており、全体の七・一%を占めている（図表1）。同省が行っ

| | 世帯数 | 割合 |
|---|---|---|
| 母子世帯 | 112,743 | 7.1% |
| 高齢者世帯 | 724,121 | 45.5% |
| 傷病者・障がい者世帯 | 466,113 | 29.3% |
| その他の世帯 | 287,570 | 18.1% |
| 総数 | 1,590,547 | 100.0% |

図表1　生活保護世帯の世帯別世帯数
出典：厚生労働省「生活保護受給人員・世帯数」より作成

た「生活保護母子世帯調査等の暫定集計結果」（二〇〇九年一二月）によれば、生活保護を受けている「被保護母子世帯」で「仕事なし」が五五・四％に上り、「一般母子世帯」の一七・六％をはるかに上回っている。そのなかで、仕事に就けない理由について被保護母子世帯が「健康に自信がない」が六四・七％を占めている。現在、無職の母親で被保護母子世帯の七〇％が健康状態について「よくない」「あまりよくない」と答えている。また、母親が傷病による通院等をしている場合、母親の最も気になる傷病の種類を尋ねており、生活保護母子世帯のトップは、「うつ病やその他のこころの病気」の三割で、三人に一人はメンタルヘルスを崩していることになる。

前述の本田さんも、診療内科に通院したが、精神状態はなかなかよくはならなかった。子どもを保育所に送ろうと思っても、自宅から徒歩三分の距離が遠く感じてタクシーを呼ぼうと思うくらいだった。そのためママ友が娘を保育所に連れて行ってくれることもあった。娘が保育所に行っている間は、ずっと布団をかぶって引きこもっていた。躁鬱で、気分が落ち込むロー状態（鬱）だと話すことも動くこともできなかった。その一方で、それを抜けてハイ状態（躁）になると、虐待するようになってしまい、混迷を極めた。

娘が三歳の頃、体がだるくて寝ている時、「ママ、絵本読んで」と娘が近寄ってくると足だけは動くため、娘を蹴り飛ばした。また、コップからお茶を少しこぼしただけで「何こぼしてんだよ！　早く拭きなさい！」と怒鳴り、まごまごしていると「早く拭けって言ってんだよー！」と怒りを増幅させ、顔や頭をなぐったり、蹴ったりしていた。

コップをここに置いてと言えば済むのに、それが言えない。まだ三歳の子に「早くやって！　なんでできないのよ」と、できなくて当たり前のことが癇に障って怒りが止められない。泣く娘に「ママの言うことを聞けないなら、あんた出ていけ。お前なんかいらない！」と何度も繰り返し、ついには自分も泣き叫んだ。

本田さんは、うつ病の他に月経前症候群でも悩んでおり、月経前に不快な気持ちになっていた。特に、体を触れられるとぞくぞくする。そういう時期に娘が「抱っこして〜」と寄ってくると、思わず突き飛ばして、娘が壁に激突したこともあった。怒りをコントロールできなくなった本田さんは、「もう一人では育てられない」と、自殺を考えた。心療内科に通ってもよくならず、苦悩する毎日だった。

労働政策研究・研修機構（JILPT）の「子どもがいる世帯の生活状況および保護者の就業に関する調査」（二〇一二年）から、「わが子を虐待しているのではないか、と思い悩んだことがある」と回答した母子家庭は、母親が無業の場合が一八・八％と最も高く、母親が働いている場合は一二％となっている。仕事を通じた人間関係が断たれ、孤立したなかで育児で追い込まれれば、当然の結果かもしれない。

## †保育士への勇気ある告白

「私はずっとこの子をたたき、蹴り続けるのだろうか。それならば、自分の腕や足を切り落とせばいい？　周りに迷惑をかけるだけ、だったら死ぬしかない」。もはや、思考回路が正常でない。目の前にいるのは、ママがすべての小さな子。互いに互いがすべての状態だと信じて疑わなかった。

「私が死んだら、この子は誰が育てるのだろう。一緒に死のう」

そして、冒頭のように、寝ている娘の首に手をかけたが、その瞬間、はっと我に返ったのだった。翌日、娘が通う保育所の重いドアを開いて、担任の保育士にすべてを打ち明けた。

「児童虐待の防止等に関する法律（第五条）」によって、保育士には、虐待の早期発見に努める義務や虐待を受けたと思われる子どもについて児童相談所などの関連機関に通告する義務がある。それを知っていた本田さんは、保育士に児童相談所への通告を懇願した。

保育士は涙を流しながら話を聞いてくれた。

「本当なら知られたくないことを、よく話してくれましたね。通告なんてできないですよ。私たちを頼ってください。お母さんが娘さんを抱っこできないなら、その分、私たちが抱っこしますから」と手を差し伸べてくれた。クラスの子どもたちが外遊びに出ている間、保育士がずっと娘を抱っこしてくれ、親子は少しずつ落ち着きをとり戻した。

それからしばらくしたある日、子どものお迎えに行って帰ると、ポストに児童相談所から職員が来たというメモが入っていた。

「あ、近所の誰かに通報されたんだな」と直感し、なぜか安堵した自分がいた。

まず実家の母に電話してから児童相談所に電話をすると、相談員が本田さん宅を訪れた。事情を話しながら「子どもは連れていかれるのですか」と心配すると、「それは大丈夫で

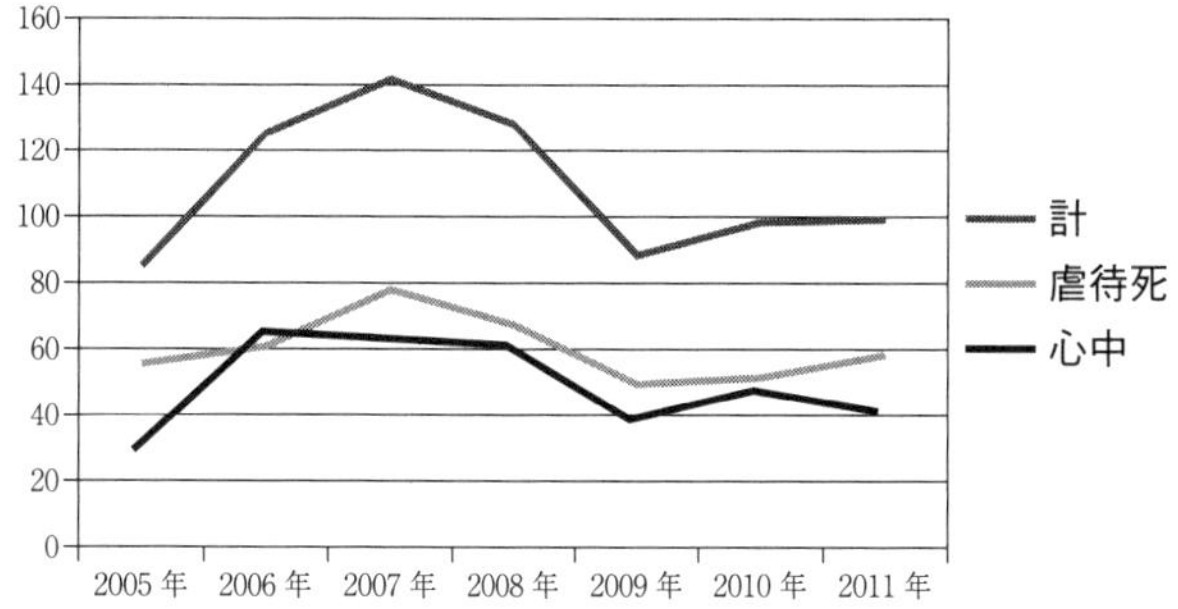


図表2　虐待による子どもの死亡者数

出典：厚生労働省「児童虐待相談の対応件数及び虐待による死亡事例件数の推移」より作成

＊2005年、2006年は1月～12月、2007年は1月から翌年3月、2008年以降は4月から翌年の3月までの数値をもとにしている。

すよ」と言われたため、心を新たに保つことできるようになった。

児童相談所への児童虐待相談対応件数は年々増えていて、二〇一三年度は七万三七六五件と過去最高を記録している。虐待者は実母が五七・三％と最も多い（二〇一二年度）。虐待によって子どもが死亡するケースも水準が高く、二〇一一年度は合計九九人となっており、うち虐待死は五八人、心中は四一人だった（図表2）。本田さんは、保育所という相談できる存在もあって、その一歩手前で踏みとどまることができた。

## †娘との二人三脚

娘が四歳の時には少し冷静さを取り戻すこと

ができるようになった。本田さんは「ママ、病気なんだ。お腹の中に、おこりんぼう虫がいて、やっつけるために薬を飲んでいるんだよ」と教えた。激高した日は、娘が「今日、ママのお腹の中に、おこりんぼう虫が一〇〇匹いたんだねぇ」と言う。優しい日は「今日は、おこりんぼう虫がゼロかな」と笑った。

母を慕い、気を遣う娘だったが、小学校にはいってすぐ、荒れた。携帯電話やミカン、イチゴのジャムなど手当たり次第に投げつけるようになり、二年生からは不登校になった。友達はいて、よく遊びに来てくれるが、学校に行けない日々が続いている。本田さんは、「抱っこして甘えたい時期に我慢し、小学校に入ってからの不安定につながって学校に行けないのではないだろうか」と省みた。

前述の「生活保護母子世帯調査等の暫定集計結果」によれば、生活保護を受けている母子世帯の母親のうちDVの経験がある者は六九・九%で、DVの経験がある母親のうち、DVを受けたことによって子どもが身体的・精神的な影響を受けたと思うという回答は六三・二%に上る。本田さんも精神的なDVを受けていたことから、その影響が少なからずあったのかもしれない。

また、経済的な面では生活保護を受けたことで本田さんは困窮しないで済んだが、一日も早く生活保護から抜け出したかった。本田さんが病院に行く時は毎回、役所に電話をしなければならなかったからだ。

月経前症候群のため、毎月、婦人科にかかりピルを処方してもらう必要があったが、「今から病院に行きます。何病院の婦人科にかかります」と役所に電話をすると「妊娠ですか」と毎回聞かれることが嫌だった。子どもが熱を出して病院にかかる時も、健康保険証がないためその都度、受付で生活保護であることを申告しなければいけない。病院の事務員が気を遣って周囲に聞こえないよう手を口に当て、ひそひそと「生活保護ですね」と手続きを始める。そんな時、本田さんは、「そんなに後ろめたいことなのか」と思えてならなかった。

三年前からうつ病の症状が軽くなり、生活保護を受けずにフルタイムで働くようになった。派遣社員で、収入に限りがあるのが悩みではあるが、今は、一〇歳になった娘と二人の生活に幸せを感じている。そして、娘はよく手紙をくれる。

「いつも学校に行けない私を励ましてくれてありがとう。私はママをちゃんと励ましてあげられているかな？　ママも規則正しい生活をしてね」と、タイムスケジュールまで作ってくれる。その手紙は宝物だ。いつも手帳に挟んで持ち歩いている。

## †一〇代での国際結婚

前述の本田さんのように、仕事で追い込まれると精神的なストレスがかかり、虐待も他人事ではなくなる。経済状況がより厳しい地方では、なおさらだろう。

東海地方のある工場地帯。景気の影響がすぐに雇用に出るその街では、新卒であっても就職が厳しく、ましてやシングルマザーとなれば、いっそう安定した雇用は厳しくなる。職業に貴賤はないが、収入を得るために、意に反して〝夜の仕事〟に就くケースは珍しくない。

「私はいったい、何をしているんだろう。ホステスを早く辞めたい。眠くて疲れて、子どもにいつか虐待しそうだ。もう頑張れない」

清水千恵さん（仮名、二二歳）は、堰を切ったように話し続けた。

「子どもに虐待する日も遠くない気がしている。バシンと叩く、怒鳴るなんて毎日。怒りたくはないのに、怒ってしまう自分が嫌になる。深夜三時に帰宅して、子どもは六時に起きる。睡眠不足でついイライラしてしまう……」

清水さんには、二歳の娘と一歳の息子がいる。彼女が一九歳の時に出会った夫は三〇歳のブラジル人で離婚歴のある男性だった。つきあって二カ月で妊娠し、中絶することに抵抗を感じて出産を決め、国際結婚した。

高校は一年で中退して夜間の定時制高校を卒業し、結婚前は個人病院や老人介護施設で三年間、介護ヘルパーの仕事をしていた。正社員として働いていたため収入は安定していたが、妊娠を機に辞めた。

一方の夫は携帯電話の販売員で派遣会社を転々としていたが、娘が生まれた時は手取りが三五万円以上あり、高収入だった。しかし、夫には借金が五〇万円あり、加えて市民税や携帯電話の料金、クレジットカードの滞納などが、結婚後次々に発覚した。その支払いで支出が多く、手元には残らず、家計はギリギリだった。購入したマンションのローンもある。とにかく借金のことで頭がいっぱいだった。

妊娠中は夫の借金問題に加えて、ブラジル人の両親との同居で情緒が不安定になった。日本語を話せない彼の両親。夫の母親は脳梗塞を起こして体が不自由なうえに、アルツハイマーを患っている。清水さんのことを夫の前の妻の名前で呼ぶほどである。母親の認知症に夫もストレスを感じ、清水さんに当たった。喧嘩になると暴言を吐かれ、蹴りあげられる。そして髪をつかまれ、流産するのではないかと思うくらいの強さで、リビングから

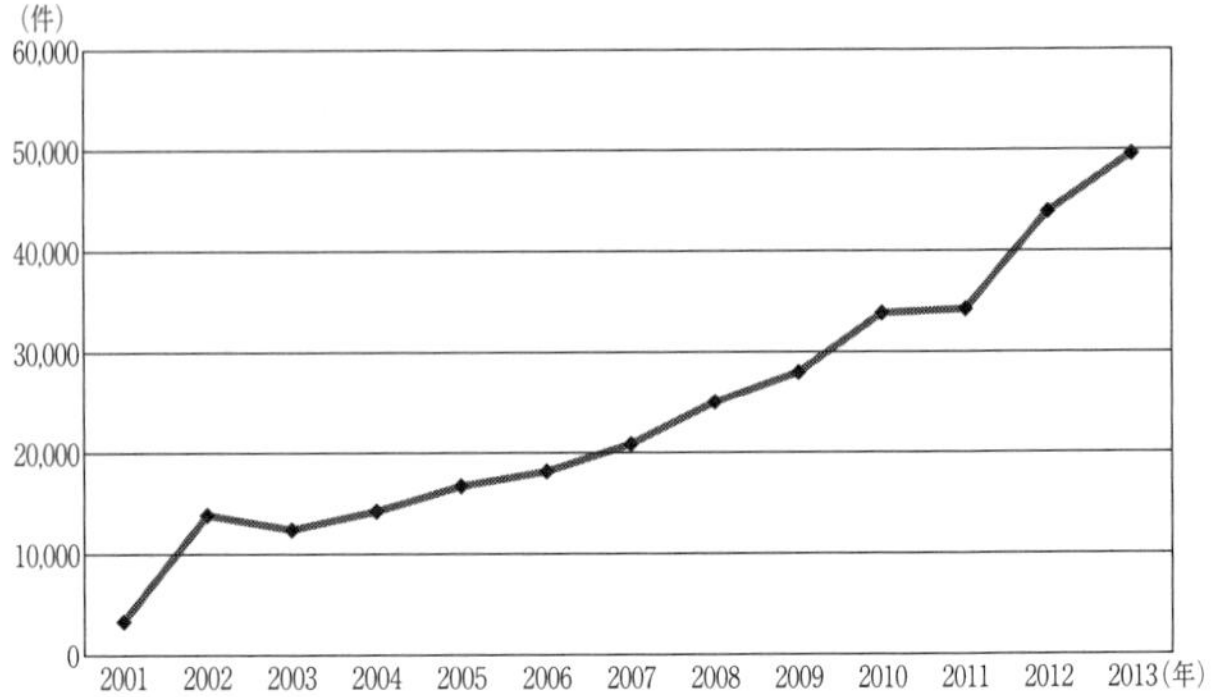


**図表3　警察における配偶者からの暴力相談等の対応件数**
出典：内閣府男女共同参画局「配偶者からの暴力に関するデータ」

玄関まで引きずり回されたこともあり、典型的なDV夫だった。それでも、子どもが生まれれば変わるだろうと耐えた。

配偶者からのDVの相談件数などは年々増加している。内閣府男女共同参画局の調べによると、「配偶者暴力相談支援センターにおける相談件数」は二〇一三年で九万九九六一件に上る。厚生労働省の「婦人保護事業実施状況報告」（二〇一三年度）でも、婦人相談所の来所者のうち「夫等からの暴力」の相談件数は八八三八件と約六割を占めるほどで、うち四三六六件が一時保護されている。警察庁での暴力相談等については、被害届や告訴状を受理したり、検挙するなどの対応があった件数となるが、それも右肩上がりで、二〇一三年は四万九五三三件となっている（図表3）。

清水さんのように相談に行かずに我慢する女性は多く、内閣府の「男女間における暴力に関する調査報告書」(二〇一五年三月)によれば、四人に一人の女性が夫からのDVを受けた経験があり、一一・四%は「命の危険を感じた」と答えている。しかし、四四・九%はどこにも相談していない。DVのうち、身体的暴力の被害は一五・四%、心理的攻撃は一一・九%、経済的圧迫は七・四%、性的強要は七・一%だった。この数字は氷山の一角だろう。

## †夫の逆ギレ

子どもが生まれると夫は人が変わったように子どもには優しさを見せたため、離婚を考えはしなかった。半年ほど経つと、清水さんは、家計を助けるために、子どもが寝ている間にできる仕事を始めた。早朝のコンビニでのアルバイトをしていたが時給が安く、夜は時々ホステスをするようになった。

DVは落ち着き、年子で二人目ができたが、義父と義母との同居の辛さは変わらなかった。生活習慣の違いも清水さんのストレスを助長させた。夫の両親は、床に落ちたものを平気で子どもに食べさせる。手を洗わず食べ物に触って不衛生だった。食べ物の嗜好から育児方針まですべてがまるで違った。ストレスで過呼吸になるほどである。

そのうち、夫が家に帰ってこなくなり、離婚に追い込まれた。夫には他に女性の存在があったことが離婚後にわかった。清水さんが荷物をまとめて家を出る瞬間、夫は「俺は結婚する気もなかったし、子どももいらなかった」と吐き捨てた。「じゃあ、なぜ二人も子ども作ったの?」と悔しさがこみあげた。

その頃、娘は、四月から幼稚園に入園が決まっていた。既に保育所の入園手続きは締め切られ、待機児童の多いなかでいまさら保育所に入れることもできない。しかも、離婚した時点で入園用の制服などすべて買い揃えてしまっていた。

「どうしよう」と迷ったが、四万円もかかった制服が惜しい気がして、とりあえずはと、そのまま幼稚園に入った。

### †シングルマザーの金銭事情

清水さんは今、実家から徒歩五分のところにアパートを借りて住んでいる。しかし、両親の反対を押し切っての結婚だったため、離婚が決まるまで両親とは絶縁状態だった。離婚後に娘が肺炎で入院する時、付き添い入院をしなければならなかった。やむを得ず息子を預かって欲しいと両親に謝って和解した。それからは仕事をしている間は実家頼みの生活だ。

厚生労働省によれば、母子家庭のうち母子のみで生活しているケースが約六割で、同居者がいるのは約四割となり、親との同居は約三割程度となっている。

日中に仕事に就けず、二〇時から深夜一時までラウンジで働く。その間、子どもは実家で面倒を見てもらっている。実家の親の仕事が早く終わる時は、客と同伴出勤する。これで日給一万円に二〇〇〇円が上乗せされるため貴重な収入源となる。

家賃は四万三〇〇〇円。駐車場代を含んでいるため、相場より安い。そのため、三階建てだがエレベーターがなく、米を買うと運ぶのにも一苦労だ。息子はまだ駐車場から玄関まで歩けない。息子をおんぶしているうちに娘がぐずって抱っこしないと動かない。さらに米も抱えて階段を登る。また、地方では車は必需品なため、車のローン三万円は痛手だがどうしようもない。月にガソリン代が一万円、光熱費で一万円。そして携帯電話代などの固定費が重くのしかかる。

夫は別れた後は、子どもが病気で入院しても無関心だった。「今は養育費が月八万円支払われているが、これでは、いつ払われなくなるかわからない」と、離婚後も頭のなかはお金のことでいっぱいだ。貯金はまったくできていない。シングルマザーになったとたんに子どもが入院して費用が二〜三万円かかったことがあり、急な出費がある度に冷や冷やする。

厚生労働省「全国母子世帯等調査結果報告」（二〇一一年度）では養育費の状況をまとめており、母子世帯の母で「養育費の取り決めをしている」が三七・七％に過ぎない。母子世帯の養育費の平均月額は四万三四八二円。離婚した父親からの養育費の受給状況は、「現在も受けている」は全体で一九・七％にとどまる。母子世帯になってから「〇〜二年未満」で二六・八％、「二〜四年未満」で三一・一％あっても、「四年以降」では一五・六％に減ることから、年数が経つと、養育費が払われなくなる傾向が見てとれる。

だからといって、働いて収入を増やせるかといえば地方の状況は厳しい。二〇一四年一二月の有効求人倍率を見ると、求人にパートタイムを含んでも四七都道府県のうち一九か所は有効求人倍率が一を下回っている状況だ。

## †仕事と子育てに引き裂かれる

お金を稼がなければならないけど、まともな仕事にはそうそうつけない。

ラウンジのバイトが清水さんにとって嫌で仕方ない。「昼働いて、夜はせめて週一日にしたい」と思うが、お金のために辞められない。ホステスの仕事は客への営業コールが必須だが、客が電話を取れそうな夕方の時間帯には子どもが幼稚園から帰っていて一緒にいるため、電話がかけられない。仕事そのものも苦痛だった。客は誘うことを目的に来ているので、体を触られることは日常茶飯事だ。無理やりキスを迫られることも多い。屈辱を感じ、毎日が憂鬱だ。

夜の出勤時、子どもが「行かないで」と大泣きする。胸が痛んでストレスになるが、働かないわけにはいかない。そんな時、清水さんは「泣いている子どもを置いてきて、なんで体を触られまでして働き続けないといけないのか。離婚していなければ、こんな仕事につかなかった」と思うと、発狂しそうになる。それでも仕事では笑っていないといけない。周りのバイト仲間に可哀想な人と思われたくないから、シングルマザーだとは明かしていない。

仕事が休みの日曜は、家にずっといると子どもがストレスになるだろうと、自分が疲れていても頑張って外に出ているが、かえって疲れのせいで子どもにあたってしまう。一～二歳の子ども二人をひとりで見るには気を張っていないといけない。ふとした瞬間に子どもが道路に飛び出すなど冷や冷やしてばかりだ。大型スーパーに行けば迷子になって呼び出され、ひと騒動だ。しまいには、育児と仕事のストレスで、顔面神経まひの症状が出た。

そのうち、あまりに精神的に余裕がなくなり、子どもに冷たく当たるようになってしまった。忙しい時に限って、清水さんが目を離したすきに子どもたちが台所に入っては、小麦粉の袋を持ち出して全部こぼしてしまうなど、手間がかかる。さあ、これから出かけようといった時に限って、うんちをして自分でオムツを脱いでしまうため、床にうんちがついて大惨事となる。

また、きょうだい喧嘩が多く、年下の息子が強くて、お姉ちゃんが泣いている。泣き止まないと、思わずテレビを叩いて「もう、泣かないでよ!」とヒステリックに怒鳴って、物を投げてしまうこともある。出かける時に、子どもがダダをこねて「早くして! いいかげんにして!」と叫んだ瞬間、自己嫌悪に陥る。時間がない時に限ってぐずり、頑固になって、いったん泣き出すと止まらない。十分にかまってあげたいけど、朝起きた段階で既に疲れているため、優しくできない。

最近、怒るのも疲れてきて、育児ノイローゼになりそうだという。清水さんは、「虐待する親の気持ちがわかる気がする」と訴える。少し後ろめたいが「子どもが寝ている時が一番幸せ。自分の時間ができる」という気持ちが、正直なところだ。

## †お金がなければ孤独になるしかない

「とにかくお金の心配ばかり。小学校に入れば、ランドセルが三万円もかかるなんて、どうすればいいのか。七五三も記念を残したいけど、写真代はどうしよう。夜のバイトを増やさないと」と、考えれば考えるほど清水さんの気持ちは焦る。

「これからいくらお金がかかるのか。子どもには罪はない。食べ物の不自由はさせたくないと毎日思う。母子家庭だから子どもがダメになるんだと言われないように、ちゃんとしたい」

できることは、節約に励むこと。しかし、ラウンジのバイトの衣装は自分で用意しなければならない。安い店を探して一着一九〇〇円ぐらいの安っぽく見えないワンピースで、私服でも着ることができるものを買う。たった一〇〇円や数十円の違いでも、二〇〇〇円を超えると心理的に手が出ない。結婚していたころは好きなものを買っていたが、もう自分にはお金をかけなくなった。今は子どものものだけ最低限を揃えるので精いっぱいだ。

離婚前は一着三〇〇〇円の子ども服でも買ったが、今はセール品のみ。一九〇〇円のT

シャツが三〇〇円まで値下がりしたところで買う。一〇〇〇円を超えるともう手が出ない。来年も着られるように、娘と息子で着回しできるよう男女兼用にできる大きめのサイズを買うため、子どもたちはいつも腕まわりや足の裾がぶかぶかだ。

幼稚園では、保護者の皆が年上でお金に余裕がありそうだから、ママ友は作らない。以前はママ友とランチに行く余裕もあり、子どもをベビースイミングに通わせることもできたが、もうすべてやめた。時間もお金もなく、同世代の友達からランチに誘われても行くことができない。ランチに行けば一〇〇〇円はかかる。それは今の清水さんにとって大金だ。「また今度」と言っているうちに、自然と友達は減っていった。

「高校は一年で中退した。夜遊びして母親を泣かせてばかりいた。なんでこうなっちゃったのだろうか。妊娠していなければ普通の生活を送れたのに。周りに『そんなに早く産むから』『子どもが子どもを産んで』といまさら言われても仕方ない。苦労するのはすべて母親。他人にいえば『覚悟したんでしょ』が決め台詞で、うんざりしてしまう。偏見ばかり。離婚してから子どもは一切『パパ』と言わなくなった。幼稚園で父の日は可哀想。運動会も私だけ母が走っていて、子どもはどう思っているのか」

もう頑張れない――。

離婚当初、死にたいと何度も思った。「なんで私だけ大変な思いをしないといけない？」と。深夜に疲れて帰っても、朝がくれば子どもは元気いっぱいでママを求めてくるため、睡眠時間は三〜四時間しかとれない。清水さんは口を開けば「大変」しか言葉が出てこなくなってしまった。

「水商売で生計を立てるなんて、自分は何をしているのだろう。辞められるならすぐにでも辞めたい」

ただただ、どうしようもない気持ちばかりが増していく。

### †彼を信じたのに……

夜の仕事をしなければ生活が維持できないシングルマザーは少なくない。清水さんと同じ地域に住んでいる加藤美香さん（仮名、二三歳）も、二歳半の娘がいるが夜はキャバクラ嬢として働いている。

定時制の高校を卒業し、好きなアパレルの販売員として働いていた。独身時代、時給九〇〇円のアルバイト社員だったが、東京に出て本格的にアパレルの仕事をしたいと、お金を貯めるために時給二五〇〇円のキャバクラで働き始めた。そのキャバクラは出勤時間もノルマも罰金もなく、辛くはなかった。そこで知り合った同じ年のボーイと付き合い、一九歳で妊娠した。

もともと東京に出て働きたいと思っていた加藤さんは妊娠に戸惑い、出産を迷った。結婚願望はなく、子どもが欲しいとも思っていなかったが、彼からの「生んで欲しい」という言葉で、出産と結婚を選んだ。「大好きな彼と一緒になって自分の夢を諦めて。そういう生活もありかな」と思った。

妊娠中、彼は優しく、穏やかな生活を送ったが、娘が生まれてから二カ月後、急に家に帰ってこなくなった。それは一年半も続いた。そのうち、浮気がわかり、周囲の友人らは「そろそろ（離婚を）考えたほうがいい」と言い出した。それでも、自分のもとに戻ってきてくれるなら、それでいいと思っていた。

半年くらい経って、知人からある写真が送られてきた。それは夫が浮気相手と一緒にいる現場を押さえた写真だった。それまで黙っていたが、夫に話を切り出してみた。

加藤さん自身は、離婚は考えてはいなかった。ちゃんと相手と別れてくれれば、やり直したかった。夫と話し合いを進めると、浮気相手は夫の子を妊娠して人工妊娠中絶をしたことがわかり、夫は離婚したいと言い出した。

彼の「家族の愛と恋人は違う」という言葉に、加藤さんは「もし彼が子どもをおろそうと言ったらそうした。いまさらなんなのよと思って呆れた。いくら好きでも、子どもに愛情のない父親かと思うと諦めがついた。あの子はどうなるのか」とやむなく離婚に応じた。夫は今も、その女性と一緒に暮らしている。

離婚する時は一週間で六キロも痩せた。とても好きだった相手との離婚について、「がっくりきた。この人と一緒にいられるなら夢を諦めても良いと思っていたから辛かった」と、まだ少し気持ちの整理がつかない部分があるが、ようやく離婚を受け入れられてきた。

## †子どもがいるから正社員になれない

離婚後、保育所に当時一歳の娘を預け、出産前に働いていたアパレル店で再び働き始めたが、会社の対応は変わった。独身の頃は何でも任せてもらえたが、子どもができてからは重要な役割は任せてもらえなくなった。

子どもが熱を出して休む以外は、他の人と同様にシフトに入った。二二時三〇分までの遅番にも入り、正月は六日連続で勤務して朝から夜までを通してシフトに入った。店のなかでは自分が一番の古株だったが、たとえキャリアが長くても、子どもがいることを理由にリーダーにはしてもらえなかった。周囲が正社員に転換していくなかで、加藤さんだけアルバイトのままだった。独身の頃から六年ほど働いていたが、時給が上がらない。都合よく使われているように思え、迷った末に辞めた。

アパレル販売員を辞めた後は、なかなか仕事が見つからなかった。歯科助手、事務、ホームページを作る仕事など、手当り次第に探したが、勤務時間がネックとなった。どんなに早くても一九時まである求人ばかり。「好きでシングルになったわけではない。社会は厳しい」と、初めてシングルマザーが置かれる環境の厳しさを思い知った気がした。

厚生労働省の「全国母子世帯等調査結果報告」(二〇一一年度)によると、シングルマザーで最も多い仕事の内容は「サービス業」で二三・〇%となり、次いで、「事務」(二一・八%)、「専門的・技術的職業」(一八・一%)、「販売」(九・四%)となる。正社員で最も多いのが「専門的・技術的職業」、パート・アルバイト等では「サービス業」が最も多い。

最終的に、加藤さんが働けるところは生命保険会社の外交員しかなかった。

先輩にお昼ご飯を誘われると仕方なく外食するが、普段、一人の時は「カロリーメイト」で済ます。そのカロリーメイトも、コンビニで買うと高いため、遠くてもドラッグストアやスーパーまで行って安い値段で買う。顧客の予定しだいで、ほぼ土曜も仕事が入る。

営業にかかる経費はすべて自己負担のため、手取りは月一二万円程度。アパートの家賃五万円や光熱費、携帯電話代を払うには足りず、以前に働いた経験のあるキャバクラでも働き始めた。

普段は一八時に保育所のお迎えの時間が来るため、一七時三〇分に退社する。昨日は一九時にアポが入ってお迎えは二〇時になった。その後でキャバクラに向かう。シングルマザーになった時、「実家には帰らない。ちゃんと自立しようと決めた」と、アパートを借りた。しかし、夜働く間に子どもを見てくれる母の手は必要だった。今は、手助けしてくれる母が神様のように見えてならない。

子どもはイヤイヤ期で苦労することが多いが、日々の成長が心の支えだ。離婚する時、加藤さんが泣いていると、最初は娘もつられて泣いていたが、ある日突然、「ママ、大丈夫?」と背中をさすってくれ、涙を拭くためのタオルを持ってきてくれた。「ああ、私は気を遣わせている」と反省して、娘の前で泣かないようにした。

そのうち、二人でいることが楽しくなっていった。成長するにつれて、だんだんと会話ができるようになる嬉しさを味わっている。初めてトイレでウンチした日は記念日となった。保育所にお迎えにいくと、満面の笑みで「ママー」と叫んで走ってきてくれる。加藤さんは、「娘は好きなようにしてくれればいい。大学に行きたいと言われると困るから、学資保険に入った」と明るい。目下の望みは、「もしシングルマザーでも良いというなら、アパレルの仕事に戻りたい」というものだ。

## †働きたいけど働けない

子どもに食べさせるお米も底をつき、やむなく生活保護を受けた新田幸恵さん（仮名、三四歳）も、働きたいけど働けない。そんな悩みを抱える。

彼女は生まれ育った北海道の都市部で、八歳の娘と二歳の息子を育てている。二度の結婚と離婚で子どもの父親は違う。生活保護費とパートでデータ入力の収入で生計を立てている。今まで、パチンコ店やコールセンターなどでも働いたが、パート以外の職には就けなかった。

前述の「全国母子世帯等調査結果報告」によれば、母子世帯になる前に不就業だった母のうち、六九・一％が母子世帯になってから就業しているが、「パート・アルバイト等」が五七・四％と最も多い。もともと、第一子の出産を機に六〜七割の女性が無職になっており、小さな子どものいる女性がなかなか正社員になれないことを考えると、母子家庭ではいっそう、パートやアルバイトに留まる傾向が強まる。

## ✝母子家庭スパイラル

新田さんも母子家庭で育ち、〇歳のうちから保育所に通っていた。一歳の時に両親が離婚し、母が常に家にいない生活を送った。三歳上の姉は中学生になると遊び相手になってくれなくなり、寂しくてひとり家で過ごすことがほとんど。そんなトラウマからか、「結婚したら子どものために家にいて、おかえりと言ってあげたい」という気持ちが強くなっていた。

最初の結婚は二三歳の時で、二歳年下の男性と交際を始めると「一気に結婚モードになった」という。二〇〇六年に結婚し、同じ年のうちに娘を出産した。仕事は辞めて専業主婦となり、理想の家庭の第一歩が始まると思ったが、すぐにその夢は消え去った。

夫はいつも仕事で疲れていて、しまいには帰宅しなくなった。まるで「帰宅拒否症」だった。大雪が降る冬場の北海道で乳飲み子を抱えては思うように買い物ひとつできない。しかし、夫は帰ってこないため買い物もままならない。夫を待っていては食べるものもなくなる。

「私がやるしかない」と、子どもを抱っこやおんぶして米を担いだ。雪のなか、歩くだけでも足元がおぼつかなく、転んで手首を捻挫したこともあった。抱っこしている子どもをかばって腰を強く打ったりしながら、「自分でも、母は強しということがわかるくらい、たくましくなった」と新田さんは当時の様子を思い出した。

一年も経つと、ふいに夫から離婚を切り出された。自分も母子家庭で育ち、家庭に憧れが強かったが、若かったためうまくいかなかったと反省している。

## †再婚、一時の幸せ、しかし……

娘が一歳の時、保育所が決まらず待機児童になった。一歳児はどこも空きがない状態で、年度途中だったため、なおさら深刻だった。預けられなければ働けず、認可外は保育料が高いため、働いても赤字になってしまう。どうしても生計が成り立たず、生活保護を受けることになった。四月に入り新年度になると保育所に入ることができて、新田さんはパチンコ店で働きはじめた。そのパチンコ店はシングルマザーに理解があり、パートでも有給休暇がきちんと取ることができた。平日に休んで保育所の行事に参加したり、子どもと一緒に山に登ったりもできた。その保育所は土日にも預かってくれるところだったため、柔軟な勤務が可能だった。時給九〇〇円で月収は手取り一〇万円くらいだったが、児童扶養手当を入れると、質素な生活を送れば、少しの蓄えもできた。

二五歳の時、同じ年の男性と再婚した。子どもは保育所の年中（四歳児クラス）で、三人の生活が始まり、今度はうまくいくと願っていた。しかし、その期待は夫の長時間労働に裏切られた。夫の勤め先はいわゆるブラック企業。過重労働を強いられ、とにかく家に帰ることができない。会社を休めばパワハラを受けるため、体調を崩しても出社しなければならなかった。総務省「労働力調査」からも、週労働時間が六〇時間以上の男性は三〇代が最も多く二割を占めるが、新田さんの夫はそれでは済まない働き方だった。

それでも、毎日、夕食を用意して待っていたが、朝起きると、ご飯はそのまま残っている。テーブルを見るたび、肩を落とし、ため息が出た。子どもも「パパいつ帰ってくるの」と頻繁に聞く。夜遅くになっても帰らない夫に「何時に帰ってくるのか」と電話やメールで連絡をとると、会社や車のなかで寝ていることが多かった。

夜九時に珍しく早く帰宅したかと思うと、すぐに会社に戻り、朝五時にまた帰ってきて仮眠して出社するなど不規則な生活が続いた。子どもの体調が悪くて電話しても深夜の一時に「会議中だ」と切られた。何か言えば「じゃあ、俺と同じ分だけ稼げるのか」と、優しかった夫はいつしか横暴になっていた。

新たに子どもを授かったことを機に、話し合いをしたが堂々巡りとなった。「一人では私も大変」「たまには帰ってきてよ」「子どもが可哀想。出かけられない」と訴えても、「仕事がある」の一言で済まされた。再び、夫がいるのに頼れないという生活になり家族の意味を見いだせなくなった。

また、家計を握っていた夫がなかなか帰ってこないため、生活費をもらう機会がなく、経済的にはギリギリだった。一、二年もそうした生活が続き、互いに余裕がない生活を送った。新田さんは、「大変すぎて記憶がない。夫がいるのに頼れない生活がずっと続くなら、いっそ別れてしまったほうがいい」と、離婚を決意した。

離婚後、住んでいたマンションは夫が引き払ってしまい、立ち退くことになった。家にあった食料を持ち出したが、それもだんだんと目減りしていく。生活保護をまた受けるかどうか悩んだが、行政の窓口で「お子さんのためになるから」と勧められ、気乗りはしなかったが生活保護を受けることにした。新田さんは、「また生活保護を受けるなんて恥ずかしくて、情けない。人には言えない。けれど、子どものために今だけだと思うようにして耐えることにした」と胸の内を話す。

## †子どもがいるとフルタイムは難しい

新田さんは実家が近くにあるが、離婚して離れて暮らしていた父は八年前に他界した。母は六四歳になった今でもコールセンターで働いている。母も自分の身を立てなければならないため、孫の面倒を見るには限界がある。

新田さんもコールセンターで職をつないだが、クレームを聞く役割が多く、精神的な辛さを感じて他の仕事を探した。しかし、再婚相手との子はまだ一歳。上の娘も小学一年生で、面接のたびに「子どもが一歳かぁ。低学年かぁ。うーん」とうなられ、採用されることはなかった。それでも探すと、飲食店の求人はあるが、新田さんは腰の調子が悪く、立ち仕事をするには厳しい。やむなくコールセンターを渡り歩いた。現在は、データ入力の仕事をしているが、一日五時間、週五日で時給七三五円と最低賃金レベルだ。

「子どもが小さいうちはフルタイムはとても無理」。

息子が「とびひ」(皮膚疾患の伝染性膿痂疹)にかかれば毎日、クリニックに通って消毒をしなければならず、治ったかと思うと、中耳炎になる。九時に保育所に連れていっても、九時三〇分に「お熱が出ました」と、お迎え要請の電話がかかる。娘が小学一年生の終わりにインフルエンザにかかった時は登校が禁止とされ、仕事を休んで五日間つきっきり。子どもが小さいと何かと病気になりやすく、働きたくても、働けない。

新田さんの収入は約一〇万円となる。家賃三万九〇〇〇円を払い、食費、光熱費などを支払うとカツカツだ。新田さんにとって、生活保護を受けたからといって生活が楽になった感じはしない。

きょうだいの性別が違うため、息子は服をお姉ちゃんのお下がりですますこともできない。これから中学と小学校に同時入学になり、その出費を考えただけで頭が痛くなる。

二〇一四年四月には消費税が上がり八%になった。新田さんはスーパーに行くたびに財布とにらめっこ。一〇〇〇円の買い物をすれば消費税は八〇円もかかるが、その八〇円で、お菓子を子どもに買ってあげられるのに……。「お腹が空く年頃の子どもにご飯を食べさせてあげられるのかと思うと、買い物に行きたくない。お金を使いたくない」と、ため息しか出てこない。

### †子育てのジレンマ

夏休み、遊びに連れて行くお金がないため、弁当を持たせて児童会館に行かせるのでせいいっぱいだ。娘が進学を意識し始め、新田さんの悩みが増えた。娘は大学に行きたいと夢を見ているが、可能だろうか。習い事ひとつとっても、満足に通わせてあげられない。友達に誘われ、習字、そろばん、バスケットなどのパンフレットをもらってくるが、とても高くて費用を払えない。すべて無料体験だけで終わらせていることが不憫でならない。

だからといって、元夫をそうは頼れない。最初の夫は、はじめは養育費を払ったが次第に滞っていった。再婚して元夫の子は養子縁組したため、二度目の夫から養育費を二人分で四万円をもらっている。しかし、離婚して新田さんが旧姓に戻し、養子縁組の解消をすると、実子の分しか養育費を払わないと電話がきて、同意しないまま半額にされた。

経済的な面だけではない。母子家庭に育ち、人一倍、ごく普通の家庭生活を望んでいた新田さんにとって、子どもが一番可愛い時期なのに、一緒に過ごす時間が少ないことは大きな悩みとなっている。

「今、みてあげたいのになぁ。でも余裕がない。娘が宿題のプリントを持ってきて、どういう意味？　と聞いてきても疲れて答える気力がなく、宿題は児童会館でやってきてね、と言ってしまう」

気持ちの余裕のなさは、特に息子に影響しているようだ。息子は二歳になっても、保育所に行きたがらず、連れ出すのに手がかかる。やむなく「救急車を見に行こう！」と嘘をついてなんとか登園に持ち込んでいる。保育所にお迎えにいき、一緒に歩いて帰りたいと思い、わざと遠回りして帰るが、保育所が終わるとべったり。歩こうと言っても「抱っこ、抱っこ」。家でも、ずっと膝の上に座っていて、立ちあがろうにも抱っこしたまま離れない。

娘も甘えたいだろうが、弟のように無条件に甘える年齢ではない。どうやって年の差のある子どもたちを上手に甘えさせてあげればいいのか。ひとり親では、どちらかが甘え、どちらかが我慢しているのかもしれない。

「この状態で、フルタイムで遅くまで働くことが子どもにとってどうなのだろうか」

新田さんの悩みはつきない。

そもそも子育て中の女性の雇用環境が厳しいなかで母子家庭になることは、子育てをも一層難しいものにしている。

第二章

# 崖っぷちに追い詰められる理由

## †障がいをもった子と母

第一章で見てきたように、子育て真っ最中のシングルマザーの多くは仕事でさまざまな苦労を味わっている。それに加えて、子どもに障がいがある場合や、若年で出産した場合はどうなるだろうか。そういった条件を加味すると、より一層、母子ともに追い込まれることになる。

神奈川県に住む石川弘美さん（仮名、四九歳）には娘が二人いるが、末子には、アスペルガーか注意欠陥・多動性障害（ＡＤＨＤ）の疑いがあり、週に二日の療育支援を受けている。そのため、石川さんは先が見通せない状態で、「まるで闇を見たような心境だ」と語る。

## †お金のためやむをえず離婚

彼女は子どもが小学校に入ると、学童のお迎えに間に合うようには帰宅できずに仕事を辞めざるを得なくなった。その後、何度かの流産を経験し、なかば諦めていたところに待ちに待った妊娠がわかった。妊娠異常を起こしやすくなることを恐れ、職探しはやめて妊娠生活に専念することにした。

夫は結婚当時は無職で、その後の収入もおぼつかなかったが、警備保障会社に勤め出すと次第に収入が上がった。それでも、もともと金遣いが荒く、家計にお金を入れなくなり始めた。自分が仕事をしていない分、きちんと生活費を入れてと頼んでも、五万円しか入れてくれない。ついには学費のために貯めていた一〇〇万円を食いつぶしてしまった。

住民税を払えなくなり滞納をすると、その利息が年利一四・六%ほどで、滞納していたのは五万円だったが、利息は一万円を超えて大きな痛手となった。小学校に入って間もない子どもがいるうえ、妊娠中では働けず、この状態では先が続かない。自治体窓口に相談すると、夫の収入がそれなりにあるため世帯として見ると生活保護も受けられないと聞かされ、もう別れるしかなかった。夫に愛想を尽かしてはいたものの最初から離婚したかったわけではなく、あくまでお金の問題だった。

大きなお腹を抱え、無料で法律相談できる日本司法支援センター「法テラス」にいき、近隣にあった弁護士事務所に片っ端から飛び込んで、たまたま離婚訴訟を得意とする有名な弁護士にたどり着いた。ただ、離婚の実行は産後、体が回復してからにしようと考えていた。せっかく授かった命をストレスで流産させたくない。二〇一〇年三月に無事に女の子を出産し、時を待った。

もとはといえば、子どものように何もしない夫。「二人目はいらない、おろせと言ったじゃないか」と口にすることが多くなり、心底、「こいつが死ねばいいのに」と恨んだ。夫は離婚する気はなさそうだった。石川さんが離婚を実行に移そうとしたのは、二人目が産まれて半年ほどたってから。〇歳のうちの秋に実家に戻って住民票を移し、夫との連絡を絶った。

実家に一年ほど身を寄せていた間に離婚が成立したが、問題が起こった。石川さんはもともと実父と不仲で、家を叩き出されたのである。行き場を失い、自治体を窓口にして「母子寮」に入った。

「母子寮」とは母子生活支援施設のことで、配偶者のいない女性やそれに準ずる事情のある女性と子どもが入所でき、自立に向けた支援を受けることができる施設である。児童福祉法に基づき、一九九八年の改正で名称が母子寮から母子生活支援施設に変更した。厚生労働省の「福祉行政報告例」によると、同施設は二〇一三年度末で全国に二五〇施設あり、三九七五世帯が入所している。夫の暴力、住居事情、経済事情が主な理由となる。

石川さんが入った母子寮は普通のマンションで、六畳と四畳半の部屋に台所、バス・トイレがついていた。管理者からは「周りの母子と連絡をとりあわないよう」と注意されたが、何人かの友達ができた。皆、DVから逃げていた。母子寮は家賃がかからず、共用部分の掃除当番があるくらいで、自由に過ごせた。住む場所が確保され、石川さんは「どうしたら長期の仕事に就けるか。何か資格の勉強をしようと思った矢先、末っ子の発達障がいが見つかり、計画はご破算になった」と肩を落とした。

## †母が付き添い療育支援へ

保育所の園長が「ちょっとお話が」という。園長には発達障がいがある子どもが二人いて、石川さんの子どもについて、「気になっているんだけれど調べてみない?」と提案してきた。

石川さんにはピンとくるものがなかった。「確かに、いつもずっと動き回っているな、チョロチョロしているな」とは思っていたが、人の話もきちんと聞くことができ、着替えや歯みがきの日常生活もてきぱき早く、なんら疑問は持っていなかった。が、検査を受けてみると、幼いためまだ正確な診断はできないことを前提に、アスペルガーかADHDかの疑いがあるとされ、療育支援を受けることになった。

言われてみれば「言葉が遅いかな」とは思っていたが、療育支援に通うようになり、発語は一年遅れていたことがわかった。そして、今までやったことのない遊びをやろうとすると、口をぽかーんとして無反応なことが多く、その事実に、石川さんは衝撃を受けてしまった。一見、普通の子どもと同じなため、ADHDと言われても、にわかに信じることができない。でも、そうだと言われれば、そう思えてしまうことも事実で、困り果ててしまった。

ただ、生活保護を受けていたことで石川さんは救われた。療育支援を受ける時は親子での通園が基本となっている。通園を担うのはほとんどが母親だが、母子家庭の石川さんは当然、自分しか付き添える保護者がいない。すると、フルタイムで働くことは極めて難しくなる。週一、二回の療育の付き添いが必要で、週に一回よりは二回行ったほうが効果は高まる。

「まだはっきりとした診断がついていない時に、週二回の付き添いが、どの母にもできることなのだろうか。しかも、見たところ普通と思える段階で、療育に通うために仕事を辞める、またはパートなどに切り替えるなんて、踏み切れはしない。生活保護を受けていて、本当に助かった。それでも、やはり、できるものなら、仕事がしたい。けれど、子どもが救われる機会を失うわけにはいかない」という、引き裂かれる気持ちでいる。

一年通院しても正確な診断はつかないが、「この間、生活保護を受けていなければ、稼ぐために子どもの発達障がいを見て見ぬふりをしたかもしれない」と思うと、石川さんは「闇を見た気がする」と震える思いがするのだった。「母子寮」に入っている子どもの四人に一人には何らかの障がいがあるという調査結果も出ている。

## †障がいを見て見ぬふりをする可能性

石川さんの居住地がある自治体では、親が検査について同意しない限り、子どもの発達障がいについて第三者が検査することはできないという。すると、療育支援に通うことと仕事の両立が難しく、働くことを優先したい母であれば「うちの子は発達障がいではない」と言い張って、検査を受けずにそのまま放置し、適切な時期にケアを受けられない可能性がある。生活保護を受けないでギリギリの生活だったら、石川さんも「検査はいいです。違いますと検査を拒んだはず。障がいを放置して育ててしまうかと思うと背筋が凍る思いがした」と話す。

文部科学省「通常の学級に在籍する発達障がいの可能性のある特別な教育的支援を必要とする児童生徒に関する調査」(二〇一二年)によると、発達障がいがある可能性のある学齢期(六〜一五歳)について、「学習面または行動面で著しい困難を示す」が六・五%で、およそ二〇人に一人とされている。

また、児童福祉法によって一八歳未満の子どもには、児童発達支援が行われている。発達障がいも含む、身体や知的・精神的な障がいを持つ児童は、障がい児手帳があってもなくても、児童相談所や市町村保健センター、医師などによって療育の必要性が認められると、日常生活での基本的な動作の指導や集団生活への適応訓練を受けることができる。

しかし、依然として差別を受けることが多いため、明らかに発達障がいがあるだろうと親や周囲が感じなければ検査も受けさせず見落とされることがある。ケアが遅れればそれだけ改善の見込みがなくなっていく。石川さんは「もし見逃されていれば、ゆくゆくは親子で漂流してしまう」と感じていた。

二年後には、年下の娘も小学校に入る。発達障がいに加えて、小学校に入学することで環境の変化が起これればどうなるか。その時に生活保護を抜け出して仕事をしていられるのだろうか。石川さんは、もうじき五〇歳になる。「この先、安定した雇用について子どもを育てられるだろうか」と、今から不安が募るが、生活保護という制度に救われている間に身を立てられる準備をできるだけ進めようと計画している。

## †親の介護で別居が原因?

五〇代の葛城千恵子さん(仮名)は、開口一番「非正社員でいるとキャリアにならないって問題はわかっている。じゃあ、どうすればいいの?」と、怒りのやり場に困った様子で話し始めた。

シングルマザーになってからずっと派遣社員として働き続けているが、自身の老後も子どもの将来も不安だらけだ。彼女には大学三年生の娘と大学一年生の息子がいる。子育ては一段落したが、ほっと一安心もしていられない。

バブル期に二三歳で職場結婚して、当たり前のように寿退社した。夫の年収は一〇〇〇万円と安定しており、生活費は葛城さんが管理し、毎月、夫にお小遣いを渡すような典型的なサラリーマンと専業主婦の家庭だった。二人の子どもに恵まれ、しばらくはごく普通の家庭生活を送っていたが、実家の母が末期がんになり一人っ子の葛城さんが介護するために実家に戻り、夫と別居するようになったことで状況が変わっていった。同じ都内に住んではいたが、東京の端から端に行くのも同然で通うことは難しかった。子どもが小学校の入学式の日に母が亡くなり、別居状態が解消された。

ひとりになった父が気になり、同居を視野に入れて都内で家の購入を考え始めたが、夫の反応が鈍い。義父との同居に難色を示してお茶を濁すのかと思ったが、どうも違う。このギクシャク感は、なにかおかしいという勘が働いた。

家を買う、買わないという話題になればなるほどムードが悪くなり、夫婦関係がおかしくなっていった。以前にも浮気をしていたことがあり、携帯電話に残っていたメールで証拠を摑んだことがあった。もうしないと約束していたが、トイレや風呂場にまで携帯を持っていく。別居中になにかあったのかもしれない。そのうち、夫は何かあるたびに大声を出すようになり、たえず不機嫌になった。

### ✝夫婦仲の悪化

仲が悪くなってからのことは思い出したくもない。ドアをバーンと力任せに閉め、ゴミ箱を蹴り飛ばす。使ってもないのに「冷凍食品ばかり食わせるな」と罵声を浴びせられるなどの息苦しい毎日だった。

息子が小さい時にインフルエンザにかかり三九度の高熱を出しても、夫は知らん顔。病院に連れて行こうと「車を出して」と頼んでも「うるせー」と拒まれた。運転免許のない葛城さんは、やむなく自転車を飛ばして息子を受診させた。そんなことばかりが続いた。

もうダメだと悟り「私のことが嫌いならはっきり言って」と切り出すと「別れたいから」と一言だけが返ってきた。それから半年くらい家庭内別居の状態が続いた。朝起きると毎日のように「出て行け」というメモがテーブルに置かれていた。何かにつけて「お前が悪い」と言い続ける夫。「いっそ、新しい人ができたと言えばいいのに」と葛城さんは納得できずにいた。

そうしたただならぬ状況は子どもたちにも影響した。娘は小学五年生から荒れた。同じような境遇の仲間で集まるようになりトラブルばかり起こすようになった。息子は小学二年生から夜驚症になった。叫びながら走り回り、チック症も出た。

夫は荒っぽく、葛城さんはびくびくする毎日。殺されるのではないかとさえ思った。眠る時も、就寝中にいつ夫が襲ってくるかもしれないと、落ち着かなかった。土曜は息子がサッカーの練習があり一八時まで帰ってこない。一方で夫は土曜に決まってテニスをしていて一六時に帰ってくる。その二時間、夫と二人で家にいるのが怖くて、夏は蚊に刺されながら玄関先で子どもの帰りを待った。専業主婦ではすぐに出ていくことができるわけでもなく、実際に夜逃げ同然で出ていくまでの二カ月は恐怖に満ちた日々を送った。

配偶者から、人格を否定するような暴言を吐かれたり、危害が加えられるのではないかと恐怖を感じるような脅迫を受けるケースは少なくはない。

## †体ひとつで逃げ出す母子

家を出たのは娘が中学一年生、息子が小学四年生のゴールデンウィークだった。貯金のなかから一〇〇〇万円近くを持って逃げ、学区が変わらないように近くのアパートに引っ越した。2DKで家賃は月七万円の部屋は狭くて古びていた。公団の古い分譲マンションの賃貸物件だったが、一階でじめじめして、なめくじやゲジゲジ虫が出た。子どもたちは、「ええー、ここに住むの?」と落胆した。

引っ越してから夫は一円たりとも生活費を振り込んではくれない。夫の浮気を察したころに始めた郵便局のパートは週三日、一日五時間で数万円にしかならず、持って出た貯金を取り崩しながら生活を始めた。夫からの電話に出ないでいると一年後、離婚調停を行うという旨のハガキが届いた。

調停が始まってから、郵便局のパートでは食べていけないと派遣で仕事を得た。収入がなければ親権がとれないと思っていたからだ。派遣先は金融機関のコールセンターだった。時給一五〇〇円、六カ月更新という条件で始まり、七年経った今も同じ職場で働いているが、時給は一〇〇円上がっただけだ。契約期間は短くなり、三カ月での更新となった。とにかく働かなくてはという思いだけで、家から近く、とりあえず時給のよさそうな派遣を選んだ。「仕事はクレーム対応が多く、精神的に参る。次々と辞めていくなかで、『わけあり』しか残らない」と葛城さんは感じている。

娘が二〇歳になると夫からの養育費の支払いが終わってしまった。大学に進学する時に一人暮らしを始めたがった娘が、父親に相談のメールを送ると、費用の援助は断られた。息子が中学一年の時、大怪我をして全身麻酔をするような手術を受ける際、葛城さんが夫に電話すると、携帯は着信拒否されていた。子どもたちへの経済的援助は見込めないと確信した。

娘は奨学金で大学に入った。いわば借金だが、看護学部だから就職の心配はないだろうと葛城さんはふんでいる。一方の息子はおとなしい性格で文学部に入ったため、借金を返せるような就職はできないだろうと、葛城さんが年間一二〇万円の学費を捻出している。

葛城さんは、なぜ、子どもを引き取った母親だけが生活費も学費も苦労して支払わなくてはならないのかと考えると怒りが収まらない。

大学に進学すれば、国立でも初年度は入学金などを含み、八一万円以上かかる。私立ともなれば、文系では一一五万円以上、私立の理系では一四九万円以上かかる（文部科学省「私立大学入学者に係る初年度学生納付金調査」［二〇一二年度］）。日本学生支援機構などが奨学金を出しており、成績が優秀であれば無利子の「第一種奨学金」が受けられ、それより緩やかな審査で借りられる「第二種奨学金」もある。第二種は利息付で、年利三％が上限とされる（ただし、在学中は無利息）。奨学金の返還を開始してから三カ月延滞すると、個人信用情報機関に個人情報が登録され、新たにローンを組む時などに審査が不利になることがある。

葛城さんは、「奨学金は借金だけれど、それが問題だと騒いでもなかなか制度は変わらない。高校の授業料の支援金には所得制限がある。塾に行かなければ受験に勝てないシステムもあって、塾通いも不可欠なのに、いったい、どうすればいいの？　当事者である時に制度が問題だと主張したって、すぐに自分たちが恩恵を受けるわけではない」と、嘆く。

子育てが一段落して目下、葛城さんは自分の老後が心配だ。年をとったらシングルマザーはどうすればいいのか。公営住宅の賃貸料が今は三万円だが、いつまで住めるかわからない。もし自分の年収が上がるようなことがあれば住めなくなるのだろうか。子どもが働くようになれば世帯年収になってしまうのか。住む場所に困るのではないかという恐怖におののいている。

## †母も子も非正規労働

沢田瑞穂さん(仮名、五四歳)は、一三年間、派遣社員のまま。その雇用もいつまで続くか危ういなかで、育て上げた三三歳の息子と三〇歳の娘の収入はあてにはならず、貧困の連鎖という現実が突きつけられている。

息子は自治体の無利子無担保の就学資金で大学を卒業したが、三〇〇万円はそのまま〝借金〟になっている。公的な職業訓練を受け印刷の技術を身につけたが、就職氷河期と重なり正社員にはなれなかった。その後、フォークリフトの資格をとり、倉庫の資材管理の仕事をしているがアルバイト採用で、月収は一〇万円しかない。健康保険と年金保険で月三万円を支払えば、残りはわずかだ。埼玉県で友人とルームシェアして暮らしているが、当然、学費の返済はできず、沢田さんが代わりに返済している。

娘は軽い知的障がいがあり、障がい者枠で就職したが、月給は一〇万。沢田さんと一緒に暮らしているからやっていける賃金水準だ。大黒柱の沢田さんの収入は、平均で月二二万円程度。派遣社員は時給で給与が計算されるため、休みの多い一月は収入が半減する。もちろんボーナスも交通費も出ない。母の年金が頼みの綱だ。沢田さんは「実家で家賃がかからない分、まだ他の母子家庭より恵まれている」と思っている。なんとか切り詰め、五〇〇万円を貯金したが、将来の不安は強い。ちなみに、厚生労働省「国民生活基礎調査の概況」（二〇一三年）で五〇代の世帯主の平均貯蓄額を見ると、一〇三四万七〇〇〇円となっており、沢田さんはその半分程度だ。

沢田さんが派遣社員になったのは二〇〇〇年頃で、度重なる労働者派遣法の規制緩和を受けて派遣業界は勢いづいていた。当時、沢田さんは四〇歳。とにかく職につきたい一心で、パートより時給が良いだろうという考えで派遣社員になった。

一七五〇円でスタートした時給が一時は最高で二〇七七円に上がったが、今は一八三〇円で働いている。一三年もの間、同じ職場で働いて、結局、たった八〇円しか上がっていないことになる。月給は新卒の男性社員よりずっと低く、「事務職でいる以上、キャリアアップにつながらない」と、貿易実務などの資格試験を片っ端から受けて取得したが、待遇改善にはつながらなかった。

時給が下がる時には常務に呼び出され、「三カ月更新だから、嫌なら辞めてもらっていい」と、泣き寝入りさせられてきた。いきなりクビを切られては生活ができないため、文句が言えない。老後を心配し、正社員への登用を打診した時は、「派遣の老後なんて知ったことか。三カ月でいつでもこっちは辞めさせられるんだ」と侮られた。

沢田さんは、「国も派遣業界もさかんに〝派遣や非正社員のキャリアアップ〟を叫んで聞こえはいいが、そもそも最初からキャリアを積む機会なんてないのではないか」と疑問が拭えない。

### †二〇年間シングルマザー

沢田さんは二〇歳での初産だった。ひとまわり年上の男性と大学時代に知り合い、妊娠した。大学は中退して事実婚をしたが、夫はほとんど仕事をせず、病院にかかる余裕はなかった。何の知識もないまま誰の介助も受けずに自分で分娩した。一二月の寒い時期だった。子どもが生まれ、夫には安定した仕事に就いてもらったが、夫は働くのが嫌だと失踪した。やむにやまれず二五歳から母子家庭の生活が始まった。

約三〇年前、自治体を窓口にしてシングルマザー向けの就職が斡旋され、沢田さんには公立保育所での調理の仕事が紹介された。正職員だったが調理員の手取りは月一五万円と薄給だった。職場では、「あんたも母子家庭?」「男に捨てられてダメね」と、女性としての価値がないような物言いをされ、いじめの洗礼を受けた。日曜の夕方になると、お腹が痛くなり、精神的な苦痛を感じた。

調理員の仕事は、いじめに耐えきれず辞めた。その後、生命保険の営業、友人の事業の手伝いなど営業系のトリプルワークをこなし、無我夢中で働くと成績が良く、月収は合計三〇万円になった。息子が風疹にかかって入院した時も、あえて会社を休まなかった。入院しているから病院が世話してくれると割り切って働いた。しかし、過労のためうつ病になり、一年間まったく外に出られなくなって、床に臥せってしまった。せっかく貯めた預金を生活費に取り崩した。

夫と離別してから実家に戻ったが、父親は沢田さんを厄介者扱いした。孫を可愛がってもくれなかった。実の親が一番、冷たかった。妹も同居しており、沢田さんと子どもたちが転がり込むように戻ってきたためだ。シングルマザーになると友人は手のひらを返したようにいなくなり、ほぼ全員が去っていった。

福祉事務所に相談にいくと、「ミカン箱ひとつでやっていくしかない」と理解してくれず自己責任といわんばかりだった。人並みの生活を望むな、苦労して苦しめ、と言われているようだった。そうした状況では、子どもを守ることで精いっぱい。沢田さんにキャリアアップなど考える余裕はまったくなかった。

子どもが可哀想だと思い、土日は必ずどこかに連れていき、手間をかけて料理を作った。おやつも手作り。すべてが必死だった。次第に、残業が発生すると母が子どもを見てくれるようになった。だんだんと心持ちが強くなり、親から文句を言われても「とにかく仕事だから」と頼んだ。実家がないとやっていけない。

「もし家族全員に出ていけとまくしたてられても、絶対に出ていかない」と心に決めていた。どんなに嫌なことを言われても、子どもを連れて出てはいけない。家賃など払えるわけがなかった。「子どもと自分を柱にくくりつけても居座ってやる」と、図太くなった。

シングルマザーになって約三〇年が過ぎ、時代は変わったように思うが「スーパーウーマンのようなシングルマザーが取り上げられると落ち込む」と沢田さんは話す。シングルマザーとして普通に働き、普通に生活するモデルがなさすぎると思えてならない。これは、社会がまだ母子家庭を受け入れてないという証とさえ思えてくる。

親子そろってワーキングプアという状況に沢田さんは「若者すら安定して働くことができない社会で、どうやってシングルマザーが年をとっていけばいいのか」という怒りと不安ばかりが増幅していく。

シングルマザーのうち約八割が働いているが、そのうち約半数は非正社員である。うち、パート・アルバイト等が四七・四％、派遣社員は四・七％で、非正社員の平均年収は一二五万円と水準が低い。正社員でも平均年収は二七〇万円にとどまる。母子家庭の相対的貧困率は五二・三％で、二人親世帯の一八・三％と比べ格段に高い。日本は他国と比べ、シングルマザーの就業率が高いが、ワーキングプア状態なのである。

そして、親から子への貧困の連鎖が指摘されるなかで、雇用環境の悪化は、ますます安定した就職から遠ざけてしまう。労働者派遣法が改正され、これまで派遣期間に制限があったものが事実上、取り払われ、派遣の固定化が懸念されている。また、「残業代ゼロ法案」として二〇〇六年頃に反対に遭って頓挫したホワイトカラーエグゼンプション（労働時間の規制緩和）が再燃しており、正社員になったとしても、無賃で長時間労働が強いられる心配もあり、貧困からの脱却がますます難しくなりそうだ。

## †未婚出産が認められない土地

当事者の視点だけではなく、母子家庭を支える立場の人から見えてくるものもある。北関東の人口約二万人の街で保健師として働く北野伸子さん（仮名、三六歳）。母子保健に携わっているが、田舎ならではの問題に直面している。サポートに入った妊婦のAさんは、まさに偏見という社会の荒波にもまれ、自ら命を落としかねない状況だという。

北野さんを通じてAさんに取材を申し込もうとした時、ちょうど精神的に追い詰められ、取材に応じる余裕はなかった。そのため、北野さんからAさんについての話を聞くと、離婚が当たり前の時代になったとはいえない地域が存在することがわかった。

Aさんは妊娠時、結婚はしていなかった。互いに結婚するつもりはなく、彼は産んで欲しいとも産んで欲しくないとも言わなかった。当時、二四歳。七〇代の父と六〇代の母は二人とも堅い性格で、とても妊娠したとは言えなかったという。子どもを産もうと決めたAさんは、こっそりと母子手帳をもらいに来た。それがきっかけとなって北野さんがサポートに入ることとなった。

最後まで両親は出産を許さず、「堕ろせ」と命令し続け、人工妊娠中絶ができる妊娠二一週を過ぎると「産むなら養子に出せ、寺に預けろ」と言って、実際に寺に相談に行くほどの反対ぶりだった。彼とは別れ、認知もしてはもらえず連絡も途絶えた。親からは家を出ていけと放り出されたため、一人で産む決心をした。働いていたが産休に入ってすぐにアパートを探さなければならなかった。

陣痛が来ても誰も頼れず、Aさんは一人で車を走らせ産院に向かった。産後も実家との行き来はない。頼りになるのは、たまに買い物を手伝ってくれる友人のみ。両親はAさんの妊娠をひた隠しにし、親類との連絡も絶たれ、孤立無縁状態となっていた。

## †産後うつ

もともと仕事でのトラブルがあってうつを経験していたAさんは、抗鬱剤を飲んでいた時期があった。そのためか、産後にうつがみるみる悪化した。気持ちが落ち込み、眠れず、食欲もなく、危険な状態になったと判断した北野さんは毎日、Aさんのアパートを訪問した。そのうちAさんは「この子に何をしてしまうかわからない。首をしめて殺しちゃうかも」と泣きながら胸のうちを語るようになった。

通常であれば個人の携帯電話の番号を教えないが、「もう死にたい」と言って家の中で包丁を持っていたこともあり、特別に教えた。電話で話を聞き始めると一時間は話し続けた。

産後うつは支援がないと虐待などのリスクが高まる傾向がある。北野さんは児童相談所と連絡をとり、乳児院に子どもを二〜三カ月預かってもらい、しばらく母子を引き離して母親の心身の回復を待つことにした。しかも、契約社員で育児休業を取得させてもらえなかったAさんは、産後二カ月で職場復帰しなければならない。妊娠中も、切迫流産などで休んだことから無理して職場に出るとうつになったため、産業医が働くことは無理だと上司に報告すると、即日、クビになった。

職を奪われたAさんは右往左往した。北野さんは生活保護の申請を勧めたが、「生保は嫌だ」と、貯金を切り崩したが限界が近づいていた。しかし、Aさんの地元では、ノルマのきつい販売員くらいしか職がない。

職探しで追い込まれてAさんがどんどん不安定になるのが目に見えた。どの面接でも、なぜシングルになったのか、結婚はしていたのかを聞かれ、そのストレスで気分が一層、落ち込んだ。いよいよ生活保護しかなくなるという時に、仕事が見つかったが、子どもが病気になった時の預け先が問題になった。実家が頼れない以上、病児保育を探すしかないが、田園風景が広がるような地域に病児保育などまったくない。

仕事を始めて頑張っていたが半年後、うつが悪化してしまった。療養休暇をとった後でなんとか復帰したが、調子を崩してしまい自殺願望が出てきた。それ以降、北野さんが連絡をとろうとしても応答がなくなった。

## †離婚が当たり前ではない空気

このように追い込まれるのは、まだまだシングルマザーへの冷ややかな目線があるからに違いないと、北野さんは問題視している。

少し前に、県庁所在地から一七～一八歳で出産した女性が転入してきた。世間体を気にして、祖母の家で暮らすためだった。実際、北野さんは離婚しているだけでも、女性側に問題があると言われるのを耳にしている。

「そのたびに『私ってダメな人間なんだ』と言われているようで辛いはず」

北野さん自身も、つい最近、母子家庭となり、偏見の目を感じている。九歳、七歳、三歳の子がいるが離婚した。原因は夫の浮気だった。

職場の同僚らは応援してくれるが、一般的な離婚の話題になると、「簡単に離婚しちゃうよね」「バツイチの人と娘を結婚させられないよね」と本音がすけて見えた。母子家庭を支援し、子育てのアドバイスもするのにも説得力に欠けると思われそうだから、北野さんも自分が離婚したことを堂々と言えないでいる。子どもの進学や結婚にも不利な気がしてならない。

実際、直接言われなくても、実母や子どもは離婚のことを噂されているようだ。子どもは周囲の反応から、離婚が悪いことだと思い込んでいる。「離婚、周りの人に可哀想と言われているんだ。新しいパパを探してきて」と娘が言う。

保育所の集まりでも、周りで離婚している人がいないため、なんとなく言えない。気を遣われると居心地が悪いし、引け目を感じてしまう自分がいる。離婚について打ち明けると、「死別ですか」と聞かれ、離婚の理由が夫の浮気とは決して言えないような雰囲気だ。

最高裁判所の「司法統計年報」（二〇一一年度）では、「婚姻関係事件」つまり、離婚について裁判所に申し立てた動機を尋ねている。主な動機が三個まで挙げられており、妻側の理由として「性格が合わない」がトップで四三・六％を占め、他は多い順から「暴力を振るう」（二八・八％）、「生活費を渡さない」（二五・三％）、「精神的に虐待する」（二四・六％）、「異性関係」（二三・四％）となっており、これまでの例でもあったように、浮気が

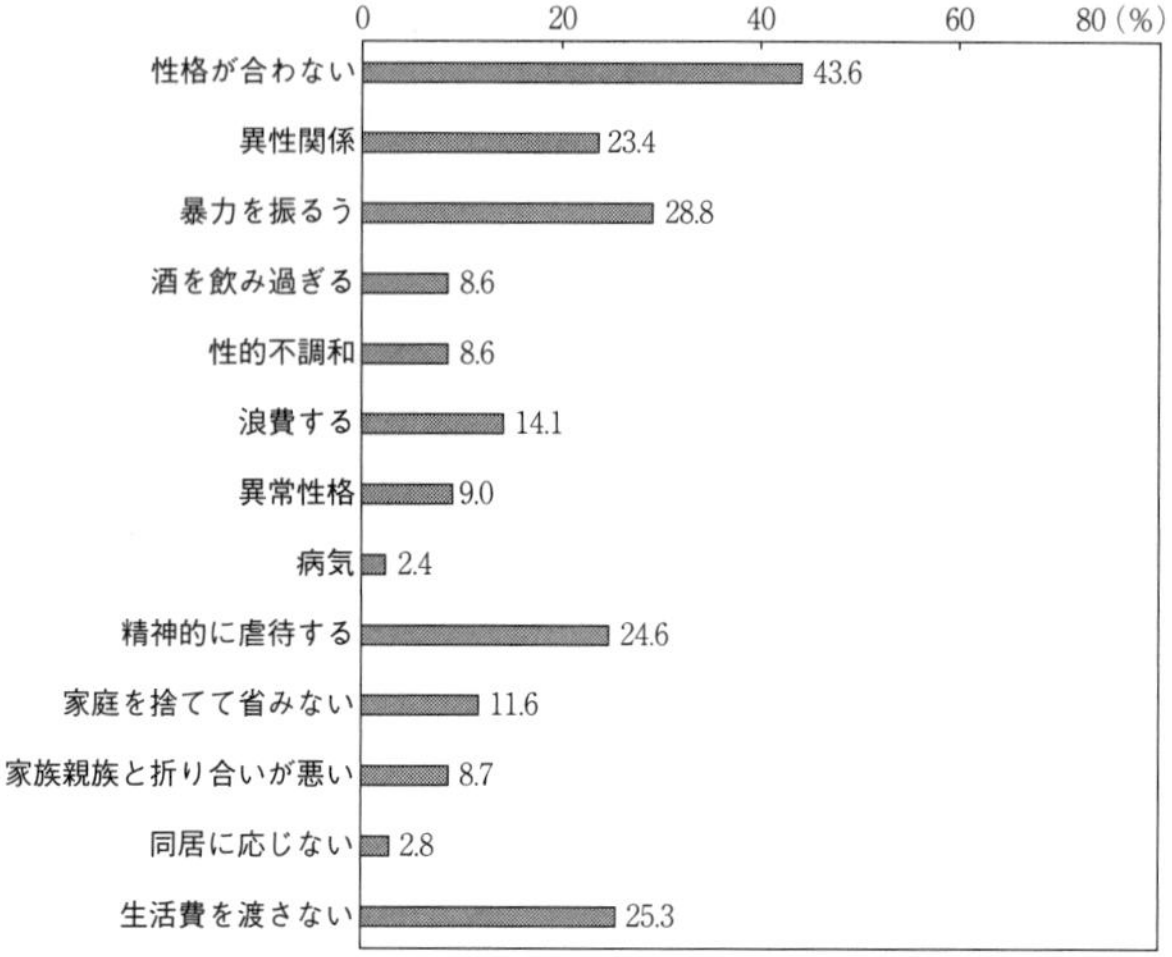


**図表4　婚姻関係事件における申し立ての動機別割合**

出典：内閣府男女共同参画局「男女共同参画白書平成25年版」

離婚の原因となるケースは決して少なくはない（図表4）。

## 若年出産のリスク

母子家庭を別の側面からみてみよう。先にも低年齢の出産例をあげたが、さらに一〇代の中高生での妊娠・出産になると、未婚の母となるケースも散見される。また、自分で適切な判断をすることが難しい年代ゆえの問題がそこにはある。しかも、その背景には、DVやレイプなどもあり、これまで見てきた点と異なった性暴力が潜んでいる。

一〇代の妊娠はハイリスク妊婦として丁寧なケアが求められる。とりわけ、未婚や性暴力を受けての出産などは、問題が表面化しないケースもある。

大阪産婦人科医会が行った「未受診や飛び込みによる出産等実態調査報告書」（二〇一四年三月）を読むと、妊婦健診を受けていない「未受診」の妊婦の背景が垣間見える。妊娠していることに気付かなかった、妊娠していることがわかっても経済的な理由などから妊婦健診を受けていない妊婦が、いざ出産という時に分娩施設に駆け込むケースが目立っている。未受診のまま生まれた子には早産など医療的なケアが必要な場合もあり、産後に育てられないと赤ちゃんを置いて病院を去ってしまう事態も全国で起こっている。さらに、「心中以外の虐待死」は、〇歳のうちでも生後〇日と生後〇カ月という時期に集中し、加害者の九割が実母であるため、産婦人科医療が関わらないと防ぐことができない。これらを問題視した大阪産婦人科医会は全国でも先駆けて未受診妊婦の問題について取り組んでいる。

大阪府内では年間で約一五〇の分娩施設で約七万五〇〇〇件の分娩を行っており、すべての施設に調査を依頼すると、二八の施設から二八五件の未受診妊婦の報告が寄せられた。未受診妊婦の年齢を見てみると、平均は二七・一歳なのだが、年齢層に二つの山があり、未成年（あるいは二四歳以下）と三五歳以降が多く、未婚は六六・三％に上る。母体の職業については、正社員と確認できたのは二八五人のうち一三人でわずか三％。非正社員を加えても働いている妊婦は六八人に過ぎず、四人に一人しかいない。同様にパートナーについても、正社員は四二人、非正社員を加えても全体で六八人となる。三〇人は完全に無職だったという。

未成年の妊婦の背景として、「予定外の妊娠」が六二％を占めている。そして「在学中」（二六％）、「パートナーも未成年」（三二％）という状況で、未受診の主な理由は「家族に言えず、どうしていいかわからなかった」（二八％）、「経済的問題」（二二％）、「妊娠に気づかなかった」（二〇％）だった。報告書では、一〇代の未受診妊婦対策は成人とは別個に考える必要性があるとしている。

厚生労働省「人口動態統計（確定数）の概況」（二〇一三年）から、未成年の出産を見ると、母の年齢が一四歳以下は五一人、一五〜一九歳は一万二九一三人となっており、一〇代の出産は全体の一・二五％ほどではあるが、出産に至るまでの背景が複雑だったり、学歴や雇用環境などが不利に働きやすいため、支援の手の必要度は大きいのではないだろうか。

若年妊婦への取り組みを行っている病院の職員に話を聞くと、一筋縄ではいかない問題の深さが見てとれる。

ある病院では、支援を計画する際、産婦人科の外来で妊婦の背景について情報収集し記録しており、経済力、母体の育児力、家族、生活背景、子どもの出生状況や暴力・虐待を受けたかなどについての項目をチェックしている。より詳細には、パートナーや家族の収入がどうか、借金があるか、無保険の状態か、生活保護を受けているか、また、母体が若年か高齢か、心身の障がいがあるか、育児への意欲が欠如しているか、ストーカーの存在、DV、レイプ、児童虐待を受けた経験があるかなど細かく見ていくという。

## †中学三年生の妊娠

助産師の佐藤景子さん(仮名、四〇代)は、「産むまでのケアだけではなく、育てていくことの準備も重要だ」として、一〇代の妊婦を支えている。

佐藤さんが出会った一〇代の妊婦のなかには中学三年生がいたこともあった。パートナーも一〇代だった。彼は最初は喜んで「産んで欲しい」といっていたが、そのうち「堕ろしてくれ」と言いだし、別れた。本人は悩んだ末、実母の助けをかりて産む決断をした。

しかし、その女子は父が母にDVする姿を見て育ち、自身もネグレクトにあっていて予防接種も受けさせてもらえないでいた。パートナーからも身体的ＤＶを受けていたため、佐藤さんを含めたスタッフはサポートが難しいと予想した。

　そうした妊婦がきた時、佐藤さんは「ちょっとした一言が大事。体重管理でも、『あ、わたし、すごいのかな』と思えるような声がけをしたり、『よかった、健診に来てくれて』と担当でなくても話しかける」と話す。外来で待っているのを見つけたら、気づいたことをアピールして気を利かせる。そういった甲斐もあって、その中学生だった妊婦は、きちんと妊婦健診を受け、産後も、一カ月だけではあったが母乳で赤ちゃんを育てていた。

通常は、病院では産後一カ月健診で関係が途絶えてしまい、自治体でも子どもの健診には限りがあるため、その後を把握できなくなる。それでも、佐藤さんが出産から二年ぶりに彼女に電話をすると、彼女はしっかり受け答えし、安堵したという。中学は卒業したが進学せず、短期のアルバイトをしながら暮らしているという。

　佐藤さんは、「制度として継続した支援が続くといいのではないか」と常々考えている。産後は地域の保健師などにバトンタッチされ、自治体の保健師や助産師が家庭訪問するなどの制度はある。それだけでなく、産婦人科で築いた信頼関係をベースに、産後も医療機関が支援できる仕組みができると、より、子育てもスムーズにいくのではないだろうか。

## †一〇代の妊婦への公的支援

「一〇代はサポートするのに難しい子が確かに多いが、柔軟性もあって三〇〜四〇代より子育てが応用できることもある」と佐藤さんは話す。一〇代に限らないが出産や育児のイメージ作りが大切で、外来に赤ちゃんの人形を置いて、妊娠中から抱っこの仕方を教える。生まれる前に、出産の時や産後の準備ができているかを念入りに確認する。彼女たちは出産のために何を買っていいかもわかっていないことが多いという。また、部屋ではどこに赤ちゃんを寝かせるのか。分娩費用はどうするのか、家族との関係はどうかも念入りにチェックしなければならないとしている。

さらに、中学生を中心とした学生の場合は、産前から産婦人科のスタッフ、病院内のケースワーカー、自治体の保健師などと、出産から卒業までのフォローをどうするか話し合う。外来ではアンテナを張って、「あの子にもっとかかわったほうがいい」となると、会議で情報を共有してより綿密にケアに当たる。出産直前は数週間前から教育的な入院生活に入って準備に向ける。

これからの課題は、赤ちゃんが生まれてからの生活環境がどう変わるかイメージ作りだという。家族がいても夜中は頼れない。佐藤さんは「授乳や夜泣きをしたら、抱っこし、赤ちゃんは泣いてもいいんだよ。あなたが悪いわけではないんだよ」とアドバイスしている。若年妊婦を支援するにあたり、「不妊治療などは国の助成があるけれど、一〇代の妊産婦は家族任せで公的サポートがない」と、憤る。一〇代で何度も中絶を繰り返すケースもあり、教育の過程で、性のことをもっとオープンにして望まない妊娠をしない教育も大事だと日々、感じている。

## †子どもが子どもを産まなければいけない

産婦人科のスタッフだけでの対応が難しいケースはケースワーカーに託される。ケースワーカーの河野里美さん（仮名、四〇代）は、「中学生などの一〇代の妊婦には、もともとネグレクトに遭っていた子や不登校の子もいて、関係作りが難しい」と困惑顔だ。

親との関係が上手くいっておらず、妊娠三〇週になっても親が娘の妊娠に気づかないこともある。また、親が無関心で生まれてくる子の行く末が決まらないこともあるという。

心配な妊婦が出産して退院していく時、河野さんは「また妊娠してきてしまうのではないか」と心配しながら見送ることも少なくない。実際、別のパートナーの子を妊娠してまた病院にくる妊婦もいるという。そんな時、「親としての自覚がどこまでもてるかわからない。自治体の保健センターなどにはせめて予防接種の段取りをおぜん立てして欲しい。病院ではすべてをサポートできない。限界があると思いながら、地域につないでいくので精いっぱい」と河野さんは出口の見えなさを日々、感じている。

そして、「地域の子育てサロンなどは、若い一〇代の妊婦にとっては敷居が高いため、社会的に孤立してしまいがち。もっと気軽に相談できる窓口があるといいのではないか」と話す。

また、若年妊婦の場合、実家に住み両親の扶養に入ってしまえば、世帯のなかの一人とみなされ、実際に本人が働いていない場合や育児が困難な場合でも捕捉しにくい問題がある。行政から保健師などが訪問しても、門戸を閉ざす例も珍しくはない。すると、支援の網の目から落ちこぼれてしまう若年のシングルマザーも多いのではないだろうか。

労働政策研究・研修機構（ＪＩＬＰＴ）の「子どもがいる世帯の生活状況および保護者の就業に関する調査」（二〇一二年）によれば、母親の成育環境と貧困のリスクを高める要因は深い関係があるとしており、その主なものが「一〇代出産」「中学校卒」「離婚経験」となっている。母親全体の生活保護率は〇・八％、貧困率は一三・〇％となるが、一〇代出産だとそれぞれ三・六％、四六・二％となり、中学校卒だと同一二・一％、四一・一％、離婚経験がある場合は同四・七％、五一・五％と高くなる（図表5）。母親が成人する前に「その親が生活保護を受給していた」場合に、自身が生活保護を受ける率は約一二倍の九・八％に跳ね上がる。

二〇一五年三月に行われた「母子家庭における子どもの貧困――その原因と実効的施策を考える」（日本弁護士連合会主催）では、国立社会保障・人口問題研究所の阿部彩氏（社会保障応用分析研究部部長）がデータを示しながら講演した。

「ひとり親と未婚子のみ」の世帯の子どもの貧困率は二〇〇六年、二〇〇九年、二〇一二年を見ると、それぞれ、五二・七％、四九・七％、五三・一％となり、いったん減少した貧困率が再び上昇している。これと、ひとり親世帯の再分配前と再分配後の貧困率を見ると、二〇〇九年では再分配前と後での差が一九・〇％だったが、二〇一二年は同一七・九％と縮小されていることから、政府からの助成などの効果が薄れていることを示唆している。これは、子ども手当や児童扶養手当があったとしても、税や社会保障の負担と相殺されてしまうというのだ。

つまり、母子家庭にとっては児童扶養手当の拡充が必要不可欠ということではないか。

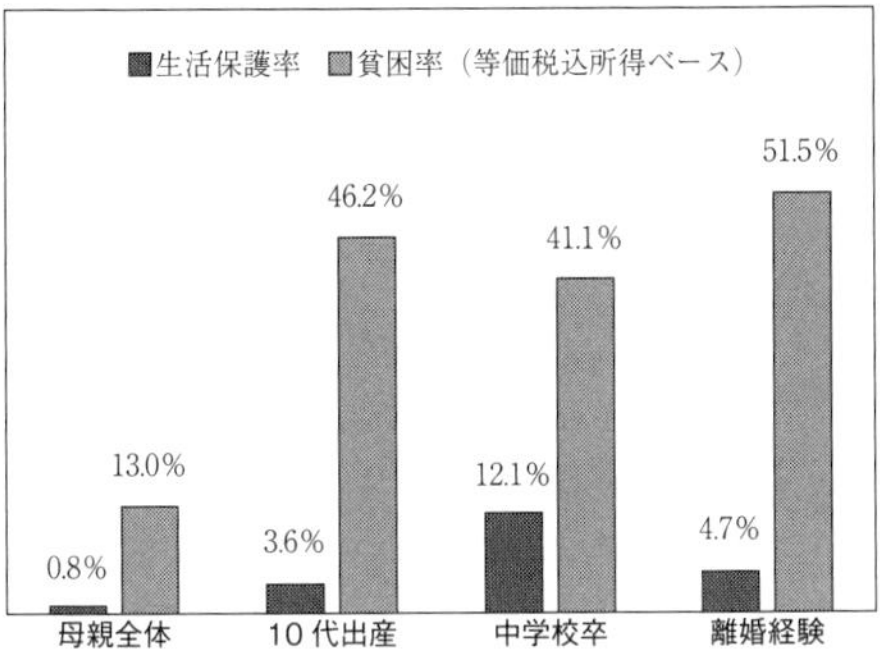


**図表5　母親の属性と現在の経済状況**

出典：JILPT「子どものいる世帯の生活状況および保護者の就業に関する調査」

児童扶養手当は全額支給でも月額四万二三七〇円で、所得が多ければ減額される。現在の女性の賃金水準では十分ではない。特に一〇代の出産ともなれば、なおさらだ。

阿部氏がＪＩＬＰＴのデータを解析すると、一〇代の若年母親について、約七割が配偶者がいない、約三割の学歴が中卒で、約八割が就労していない状況となっており、働いていても半数がパート・アルバイトに留まっている。若年母親の生育環境・健康状況を尋ねると、「両親が離婚」「配偶者から暴力」「自殺を考えたことがある」が多く、厳しい環境で育ち、現在の生活も困窮していることがわかる。ただ、統計的に見ても、若年母親は若いから子どもがうまく育てられないのではなく、それよりも学歴や配偶者がいない影響が大きいとしている。

こうしたことからも、若年妊婦への支援はその子どもにとって重要なものとなるだろう。

第三章
# 制度の矛盾に苦しめられる

## †低賃金の介護でのダブルワーク

神奈川県に住む坂井美知恵さん（仮名、四二歳）は、ダブルワーク、ついにはトリプルワークをしながら、子育て費用を工面している。生活保護を受けた場合、受給額は月二五万円になるのだが、現在、働いて得ている収入は二〇万円程度。それでも、「生活保護は受けず、働いて生活していく」と決めている。訪問介護の仕事を柱にしているが低賃金のため、別の介護施設で夜勤のアルバイトをしている。このケースでは特にシングルマザーの介護職の問題と、子どもの進学について考えてみたい。

坂井さんは高校を卒業後、七歳上の男性と二二歳で結婚し専業主婦になった。早く結婚して安定したいと焦っていたのかもしれない。実家を出て親から離れたいという想いも強かった。

2LDKのアパートを借りての結婚生活のスタートは順調そのものだった。二三歳、二五歳で二人の子どもを出産した。三歳までは子育てに専念したほうが良いのではないかと、働かずにいた。そして、二人目が生まれたことをきっかけに、ローンを組んで一軒家を買った。

その後、三人目を授かった。チョロチョロとあぶなっかしい二人の子どもの面倒をみながら、車を運転して買い物に行ったり銀行に行ったりすることが怖くなり、家計を夫に任せた。ところが、その判断が夫婦関係を狂わせた。

それまでは財布を坂井さんが握り、夫に小遣いをあげていたが、立場が逆転してしまった。夫は急に金遣いが荒くなり、夫からの生活費は月三万円しかもらえなくなった。三万円で食費や雑費など、家族全員の買い物すべてを賄わなければならず、春先にはつくしやヨモギを摘んで食べるなど極貧生活を送るようになった。

## †夫の借金

妊娠五カ月の頃に流産しかかり、夫に子どもの幼稚園の送り迎えを頼んだら「仕事があるから無理」と断られた。その時、「この人、家庭への目線が変わってきている」と感じた。破水して、いよいよ出産という時、夫は救急車を呼ぼうとする。一般的には、破水や陣痛が来ても救急車は呼ばず、自力で病院に行く。なんとか夫に病院に送ってもらい、産婦人科に着くとまだ二二時ごろなのに「俺、帰って寝るから」と、帰ってしまった。夫は二人の子どもの面倒をみることはなく、しかたなく坂井さんの実家に預けた。

そのうち、夫宛に借金返済の督促状が届くようになった。家に電話もかかるようになり、内容証明郵便まで届いた。それを初めて見た時は、心臓が止まるかと思った。夫の借金は利息を含め六〇〇万円にも膨らんでいた。何に使ったかもわからない。それでも「俺が稼いでいるからいいんだ」の一点張りで反省の色も見えない。

給与明細を見せてと頼んでも見せてはもらえず、夫の収入は分からずじまいのまま。家を購入してすぐに正社員ではなくなり、業務委託という形の自営業になっていたことが後から判明した。また、仕事でミスして一〇〇万円を会社に支払わなければならず実家に泣きついていたこともわかり、夫の両親から「あんたがちゃんとしないからこうなった」となじられた。

ついには、何の相談もなしに夫は仕事を辞めてしまった。失業中なのに夫の携帯電話の料金が月八万円にも上る。次の仕事を探すように何度も夫をたしなめたが、家で寝ているばかりだ。二カ月経っても仕事をしない。家でゴロゴロしていて、家事もしない。坂井さんは「こんな父親の姿を見せるのは、子どもにとっていいのだろうか」と悩み始めた。

借金が判明した翌日から夫はなかなか帰ってこなくなった。坂井さんは「いっそのこと死んでしまっていなくなればいいのに」と心底思った。そうすれば、ローンもなくなり、遺族年金も入る。世の中で死別して悲しんでいる人には悪い気がしたが、目の前の夫への嫌悪感でいっぱいになり、洗濯物を分けて洗いたかったが水道代がもったいないから一緒に洗い、日光で消毒できると冗談を言いながら干した。

借金返済のために子どもの貯金も使い果たし、足りない分は夫の両親から借金をした。夫は夜に惣菜店でアルバイトを始めたが、「なんでお前は働かないんだ」とふてぶてしかった。坂井さんは弁当を作って子どもと一緒に公園で食べて、電気代を節約していた。夫は昼間、だらだらと電気をつけて家でテレビを見ながら寝ている。「そんな人生がまかり通ると、子どもが思ってしまったらいけない。もう離婚しよう」と決意したのが三二歳の時だった。

まずは生活力をつけなければと、アルバイトを始めた。「全国母子世帯等調査結果報告」（二〇一一年度）から、母子家庭になる前に就業している母親は七三・七％と多い。しかし、そのうちパート・アルバイトなどが五二・九％と最も多く、次いで正社員の二九・五％であることから、坂井さんのように、まずは何でもいいから働き始めてから離婚するケースも多いのではないだろうか。

まだ子どもが小さかった坂井さんは、子どもを寝かしつけてから近所のファストフードで二一〜深夜一時まで働いた。久しぶりに働くと、仕事が楽しくて仕方なかった。上司は大学生だったが、今も仲が良い。チラシ配布のアルバイトも始めた。深夜三〜四時はチラシを配って、朝になると弁当を作り、日中は子どもと遊んで、という生活を始め、「やればできる」と自信がついた。ファストフードで月五万円、チラシ配布で三万円。生活費を八万円も稼ぐことができれば、やっていけるのではないか、と。

ある日、くたくたになって疲れて一〇時まで寝てしまい、居間にいくと夫は子どもにご飯を食べさせておらず、雨戸を開けずに電気をつけっぱなしでテレビを見ていた。そこで、坂井さんのなかで、何かがぷつんと切れた。

「ふざけんな！　誰のためにこんな思いをしていると思っている？」

激しい怒鳴り合いが始まった。当時、小学一年生の上の子どもが一一〇番通報した。下の子も泣きながら「パパやめて」と止めに入った。夫の両親を呼び、警察が来ると夫は頭に血が上っている様子で「自分を捕まえてくれ。殴って殺してしまうから」と言う。夫にはその場で荷物をまとめて出ていってもらった。

ところが一カ月後、夫の両親から連絡があり、夫を帰されてしまった。夫は復縁できると信じて坂井さんの機嫌をとるが、いまさら遅い。ほどなく、また借金の督促状が来た。

もう次はない。気持ちも既に冷え切っていた。いつ離婚を切り出すか。小学校、幼稚園、役所に相談し、タイミングを見計らった。離婚で子どもが不安定になるかもしれないと、カウンセリングを受ける段取りもつけていた。

三行半を突きつけ、養育費について公正証書も作ったが、実際に払うのは数カ月分が関の山だろうと、「借金してでも半年分を前払いして」と、一〇〇万円近くを支払わせた。二〇〇六年一〇月に離婚した。運動会の代休の日、子どもが希望したため、一緒に離婚届を提出しにいった。

父親をすっかり嫌っていた子どもは「良かったー、これで縁が切れた」と喜んだ。役所で「家庭裁判所にいって、子の籍を選んでください」と説明され、子どもは「まだ俺は親父の籍に入っているのか、早く（家裁に）行こう！」とせかした。父母が離婚した場合、子どもが父の戸籍にあって父の氏を使っている場合、それを母の戸籍に移して母の氏に変えるためには家庭裁判所に申し立てて許可を得る必要があるためだ。

このように、夫が失業したことを機に離婚に踏み切る女性は少なくない。明海大学経済学部の講師である佐藤一磨氏が、「夫の失業が離婚に及ぼす影響」について興味深い研究結果をまとめている。

佐藤氏は、慶応義塾大学大学院などが行っている『慶応義塾家計パネル調査（KHPS）』と家計経済研究所が実施した『消費生活に関するパネル調査（JPSC）』を用いて、夫の失業経験が離婚に及ぼす影響を検証したところ、一、二年前の夫の失業という経験が離婚率を上昇させることがわかった。一方で、所得が減るなどの要因では離婚率は上がらなかった。国内でのこうした検証は珍しい。佐藤氏は「失業という予期せぬショックが離婚のトリガーとなる。失業によって、夫の人間性への疑問が顕在化するのではないか」としている。

## †同じ境遇の母親を支援したい

ファストフードはほぼ最低賃金の時給八〇〇円で、マネージャーになると五〇円アップし、一時は店長の次の役職となり時給八九〇円になった時期もあった。マネージャーになると、発注業務や他店舗との交渉が加わった。例えばパンが足りなくなると、他の店舗にかけあって調達した。その当時は、子どもが寝てから働き、ちょっとの昼寝でもっていた。若かったからできたと今は感じている。

その後、坂井さんは母親の勧めで介護ヘルパーも始め、ファストフード、生命保険の外交員のトリプルワークが始まった。さらに、二〇一一年に、同じ境遇の母を支援したいと思い、母親のための講座を開講する任意団体のNPOを設立した。

離婚のことを子どもにきちんと話せない人がいるが、それではかえって子どもに不信感を与えてしまう。育児に逃げたり、子どもにのめり込んだりしないで、等身大で相談に乗れる場を作りたかった。坂井さん自身、離婚騒動の時、息子のわるさにきつく当たると、喧嘩が多くなり荒れた。娘がいじめられて学校に行けなくなっていたことに気づけなかったことがNPO設立のきっかけになった。同時に、坂井さんは「生活保護を受けないで仕事をして社会に出て欲しい」と、ひとり親支援も始めた。

NPOの収入は年間二〇～三〇万円ほどになった。訪問介護が月六五時間の労働で七～八万円で、それに児童扶養手当などがついて月収はトータル二〇万円程度となった。当時、生活保護を受けたほうが収入は上がる計算だったが、自立していることが自信につながると感じた。実家が二世帯用のアパートを持っていたことも助けになった。

今の悩みは、子どもたちの進学の費用だ。

息子が大学に合格し、私大に進学する。親戚が、「自分が行きたくても大学に行けなかったから」と、学費を工面してくれた。初年度はそれでなんとかなる。大学二年生以降は、有利子の奨学金をかりられそうだ。しかし、ほっと安心できるのもつかの間、二年後には、高校二年と中学二年の娘がダブル受験となる。

高二の娘は放課後にファミレスで働き月七〜八万円稼いでおり、半分は貯金している。少し前まで、早朝、五〜八時のファストフードでもバイトしていたが、さすがにしんどくなって辞めていた。教科書代も「払っておいたから」と自分で立て替えてくれた。坂井さんが「そろそろ通学定期が切れるな。また出費か」とため息をついていると、娘が「自分で定期買っておいたから」と気を利かせる。高校受験の時も塾には行かずに特別進学コースで入ったため、学費の心配をせずに済んだ。親孝行の娘は、自分の貯金で通信制の大学に行くつもりのようだ。

末っ子は成績に一がつく。きょうだい割引で塾にすんなり入れたため、お金がないなかで行かせてもらえているという意識がなく、成績が悪い。見かねた兄と姉が説教し、なんのために塾に行って高校に行くのか、どんな高校があるのかを教え、ことあるごとに家族会議を開いている。

一八歳になると児童扶養手当が原則カットされるが、この時期は一番、学費がかかるため、痛手が大きい。坂井さんは、「その時に無理して稼げないだろうから。この二年で一

○○万円は貯金しないと」と、訪問介護の他に介護施設での夜勤バイトを週一回始めた。

## 大学の現場からみえるもの

こうした綱渡り状態で進学する母子家庭の子は少なくない。大学の現場では、母子家庭の環境と学生の学業不振の関係を心配する声がある。都内のある私大の職員は、こう危惧している。

「奨学金を借りても学費に消えるため、生活費などを稼ぐためにバイトを入れ過ぎて朝起きられず授業に出られない。そして、学校に来ても居眠りしてしまって成績ダウンしている学生が目立っている。奨学金を借りている家庭の状況を見ると、離婚して母親が働いているが介護のパート職で収入が低いケースが多い。この収入では暮らせないだろう。非課税証明書が提出されることもあり、妹や弟も進学予定というと、どうやって暮らしているのか。奨学金の応募状況を見ると、家庭の貧困状況が透けて見える」

また、東北地方の高校教師からも「大学などへの進学で奨学金を借りることは珍しくなくなった。高校進学の段階で奨学金を借りているケースも多い。母子家庭だからとは言わないが、家が苦しいからといって、その先の進学を断念するケースもある。早く就職して、今まで親に面倒を見てもらった分を返そうと思っている学生は少なくない。この数年は高卒の就職は改善しているけれど、初任給は額面で月一五万円前後と、自立できるほどではない。就職を希望している学生には小学生の段階で学習につまずいているケースが多く、その時期に親が子に手をかけてあげられるといいのだが」、と心配の声が挙がっている。

## †介護職はいつまで続けられるか

坂井さんは現在、週前半は訪問介護の仕事をしている。時給一〇〇〇円で、一日四軒ほど回るが、月四万円程度の収入にしかならない。木曜は空けて、金曜に夜勤に入る。一六時から翌朝九時までで一万五〇〇〇円になる。認知症のひどい人がいないため、仮眠はとれるが、夜勤明けの日と翌日は疲れ切って体がもたない。土日はヘルパーの仕事は入れないで寝て体の回復する時間に充てる。

NPOは収入が激減して解散の危機もあり、なかなか独立は難しく、「ヘルパー二級をとっておいて良かった。今、確実に仕事がある」と坂井さんは痛感している。需要が高く、無資格でもできる介護の仕事に就くシングルマザーは決して少なくない。

ただ、坂井さんは介護の仕事をずっと続ける自信はないようだ。お年寄りを介護していると、自分もこうなっていくかと暗い気分になる。チューブを使って体に栄養を入れ、やせ細ってまで体をもたせて生かしておく意味があるのか分からないケースが多く、そうした姿を見ると辞めたくなる。

ある時、訪問介護を利用していた高齢者が入院し、その後、偶然、坂井さんが夜勤バイトをしている施設に入ってきた。以前は元気な様子で会話もできたが変り果て、体は硬縮して寝たきりになり、声も出ない。目はひらいているだけで、胃ろうが作られ、ただ生きているだけの状態。家族は、急変したらすぐに救急車は呼ばず、息が止まってから呼んで欲しいと言っている。精神的なストレスが強く、数年前にも介護職をやめた時期があったが、背に腹は代えられないと、かろうじて続けられている。さらに、二〇一五年度の介護報酬が九年ぶりに引き下げられ、介護職の処遇にも悪影響が及ぶことが予想され、ますます、労働条件は厳しいものとなりそうだ。

坂井さんは、「ファストフードで働く楽しさを味わい、その時の仲間とは今でも親しい。また、そうした気持ちで働きたい」と、時間を見つけては、目指している心理カウンセラーの資格をとるために勉強している。生活保護を受けたほうが収入が多くなりそうだが、そのつもりはない。

## †幼稚園教諭から介護職へ

シングルマザーの就職活動は厳しく、ニーズの高い業界に転じやすい。その代表格のひとつが前述の坂井さんのような介護業界だろう。坂井さんのケースでも介護業界の低賃金などが見えてきた。次の事例では、地方特有の未婚での妊娠の無理解と横行するマタニティ・ハラスメント（マタハラ）の事例が見えてくるだろう。

北海道札幌市内の病院で介護職として働き始めた吉野結花さん（仮名、四〇代）。彼女は、未婚の母だ。

シングルマザーの全体数は二〇一一年で一二三万人と、ここ数年微増にとどまるが、未婚のケースは一三万人で二〇〇五年と比べると四八・二％増と急増している（図表6）。

吉野さんの恋人は美容師で、チェーン展開する美容院のマネージャーだった。多忙な日々で、「こういう仕事だから理解して」が口癖だった。交際している時、吉野さんは幼稚園の教諭だったが、彼は「たかが子どもをみる仕事でしょ」と吉野さんの仕事を軽視していた。そうした態度に疑問を持ってはいたが、好きだという気持ちのほうが強く、聞かないふりをして、嫌な言葉は胸のうちにのみ込んだ。

　一度は別れ、吉野さんは単身で中国に渡り、現地で日本人向けの幼稚園などの仕事をしたが、彼とのつながりは断てなかった。帰国して、彼の住む札幌に移り住んだ。幼稚園や保育所での仕事を探したが、年齢制限があり時給の安いパートしかなく生計が立ちそうもないため、高齢化する地方でニーズの高い介護職へ転身した。

　転職活動をし、ヘルパー二級をとるため実習に行った病院に就職した。職場には労働組合の委員長がいたため、働き方のルールが守られていると感じた。吉野さんは「大きな病院や介護施設を運営する法人だから、人事システムがきちんとしているだろう。そうした職場で技術を身に付けよう」と期待を膨らませた。

　二〇〇九年八月に入職し、初めての介護の仕事だったが、翌年の一〇年一二月に介護員のリーダー役に抜擢された。思わぬ急な昇格話に自信がなかった吉野さんは断ろうとした

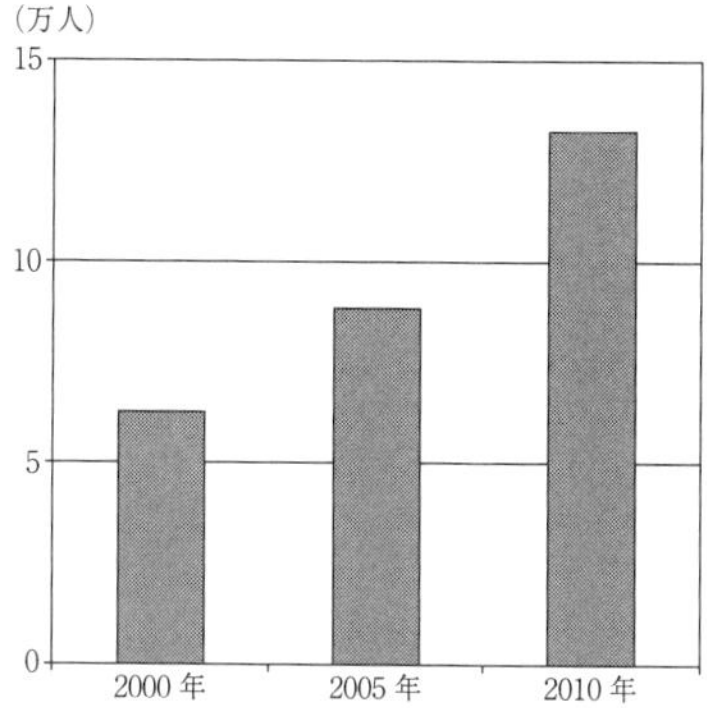


**図表6　未婚のシングルマザー数の推移(全国)**

出典：総務省統計研修所西文彦「シングル・マザーの最近の状況(2010年)」

が、その申し出を受けざるを得ず、一月にリーダーに昇格した。その数日後には、上司に呼び出され、さらに上の役となるプリセプターにならないかと打診された。

職場では、プリセプターは介護福祉士などの資格をもつ職員がつく役職だ。無資格の介護員で入って一年半では気が引けたため、吉野さんは「自分よりもっと長く勤務している人がいるのに、その申し出を受けることはできない」と断った。後から思えば、これらの昇進話は、経営者が自分をそばにつけておこうと諮ったものだった。二〇一一年二月に、プリセプターだった職員が退職したことで吉野さんにまたおはちが回り、今度は引き受けた。

三月末、次は総務部長から正社員にならないかと申し出があった。しかし、この病院には介護職の正職員を採用しないルールがあり、正職員になるかわりに事務職に職種を変更しろという。吉野さんはヘルパー二級を取っており、病院に就職した目的は、介護福祉士やケアマネージャーの資格をとることだったため、事務職を希望してはいなかった。資格を取るためにはヘルパーとして実務経験が必要であり、それを知ったうえでの事務職への変更の打診だった。総務部長は「もったいない。こんな話をけるのはバカな話だ」と、押してきた。

## †病院内で横行するセクハラ・パワハラ

この病院では三年周期で経営者の好みが変わると噂され、「私も、長くて三年。もってあと一年だろうか」とさえ思った。その頃、二歳上の美人が入職し、経営者が食堂で「いやー、あの人いいな、いい女だなぁ」と言っているのが聞こえた。経営者は六六歳。三回の離婚歴がある。

上司からは、「経営者からのお誘いは絶対に断らないように」と常々、忠告されていた。上司らを介して「今日はどこの店に集合」と、食事に頻繁に誘われるようになった。誘いを断ると、異様な量の業務を言いつけられた。

そうしたハラスメントを受けるのは、吉野さんばかりではなかった。ある日、コピー機に隠れるようにして上司の一人が「できない、できない」と言ってしゃがみこんでいた。経営者の機嫌を損ね、資料を何度作っても突き返されていたようだ。その姿を見て「何か機嫌を損ねてしまうと、こうなってしまう」という恐怖さえ感じた。

結局、二〇一一年四月に正職員になり、やむを得ず事務職に転じた。上司からは「介護福祉士の資格なんて必要ないだろう。うちの病院は資格がなくても働くことができるのがウリなんだから」と言われる。「だけど」と口にすると、刃向かうのかといわんばかりに話を遮られ、それ以上は言い返せない雰囲気となった。

それから、経営者から、食事や買い物に執拗に誘われるなどセクハラを受けるようになり、自分の時間がなくなっていった。交際していた彼は「自分より仕事が大事なのか」と怒る。彼は自分が仕事で忙しかった時は理解しろと言っていたのに、「私が忙しいのはダメなの?」と、別れる決心をした。

### †夢をかなえようとした時に発覚した妊娠

吉野さんは、もともと看護師になるのが夢だった。彼と別れたことを機に、もう一度頑張ってみようと、看護学校のパンフレットを取り寄せ、願書に必要な書類を整え、いざ提出しようとした一〇月、妊娠が分かった。

子どもを欲しがっていたことを知っていた彼。妊娠のことを話すと、「堕ろして欲しい」と冷たい。復縁しない決心はさらに固まった。もし、子どものために我慢して結婚したとしても、喧嘩ばかりの生活になるのは目に見える。親の顔色ばかりうかがうようになっては子どものために良くないだろう。ひとり親でも、私が幸せにすればいい。吉野さんの両親は喧嘩が多く、ある時、母親に「離婚したら」と言うと「子どもがいるからできない」と母が答えた。その時「え？　私たちのせい？」と胸が痛んだのを思い出した。「お母さんには笑っていて欲しかった。自分の意思を表に出せない母を見てきた影響が強く、だから、彼と別れた」

ただ、看護学校を受ける決心をしてすぐの妊娠判明だったことから、妊娠していなければ看護学校を受験していたと思った。ただ、子どもが欲しいとずっと思っていたため、産むこと自体に迷いはなかった。しかも、四〇歳になってからの妊娠だ。

子どもを産むとなると、今の職場にいなければ生活できない。ただ、パワハラを受けていたため、何のために仕事しているかわからないという思いが強くなっていた。「この人たち、自分がしていることをわからずにやっているんだろう。どうすればわかるか？　私が死ねばわかる？」。衝動的に自殺するかもしれないと不安になり、「これは、まずい」と我に返り、精神科に行った。

しかし、精神科医には、小さい子がいると、再就職が難しいことがわからないようで、「職場を変えたら」としか言わない。以前、保育所や幼稚園で働いていた時は、三〜四年で転職を繰り返していたため、「次は可能な限り長く勤めよう、最低でも一〇年は働こう」と決めていた。実家に帰るのも、それは甘えのようで嫌だった。一人で生むと決めたからには親には甘えないでやろう、一人で頑張ろう、生活のためにも、今の職場に踏みとどまらなければならないと、気持ちを強く保った。

ただ、妊娠前でもパワハラが酷かったため、妊娠したと言えば何をされるかわからない。職場で半年前、同僚が妊娠した時に数人から囲まれて退職を促されていたことを思い出した。同僚のアドバイスで早い段階で、公的な相談機関に足を運んだ。都道府県には労働局があり、雇用均等室でセクハラや雇用の男女差別などについて相談できる。そこでアドバイスを受け、上司とのやりとりをまめに録音して、いざという時に備えた。

### †マタハラ地獄

一二月中旬になってやっと妊娠を職場に報告すると、上司がニヤニヤしながら「想像妊娠?」と返してきた。経営者から準職員から正職員になれと言われていたのに、今度は妊娠をきっかけにして準職員に降りろという。そして、職場で「特浴」と呼ばれる、本来は二人ペアで行うグループ内の老人健康施設での入浴を一人でやらされ、さらには、デイサービスの利用者の入浴介助についてもすべて一人でやれと命じられていた。

会議の場で命令されると、断りたくても「わかりました」と言わない限り、延々と会議が続くため、皆に迷惑がかかる。重い雰囲気のなか、しぶしぶ「はい」と答えた。頭の中では、すぐ産婦人科に駆け込んで助けてもらわなければと焦った。働く女性が妊娠や出産を理由に解雇されたり、身体的・精神的なハラスメントを受けることをマタハラと呼ぶが、吉野さんへの明らかなマタハラはピークに達し、身の危険を感じた。

産婦人科にいくと、切迫流産と診断され三週間、休むことに。年末にはまたお腹の張りが酷くなり、歩くたびに腹部に響いた。尿が出ると激痛で耐えられない。年明けに慌てて受診すると子宮筋腫が一〇センチにおよび、妊娠異常も起こして、そのまま入院治療を要した。その後も、医師から仕事を休むよう診断され、職場に出ることなく産前休業に入った。

早産する可能性が指摘され、新生児集中治療室（ＮＩＣＵ）のある病院に転院し、帝王切開で出産した。ギリギリ早産のうちに入る妊娠三六週で、二六〇〇グラムの女の子が生まれた。あと一〇〇g体重が少なく生まれれば、二五〇〇g以下の低出生体重児となり、ＮＩＣＵでの治療が必要となった。

日本労働組合総連合会（連合）が二〇一五年二月に発表した「働く女性の妊娠に関する

調査」では、「妊娠報告時、上司・同僚の反応にストレスを感じた」人が四人に一人に上り、「妊娠時に不利益な取り扱いや嫌がらせを受けた」は五人に一人という状況がわかった。働き方と妊娠異常についても調査しており、一日九時間以上働いた女性で早産した人は四人に一人、流産してしまった人は五人に一人の割合だった。早産したなかで「重い物を持ち上げる仕事が多かった」は二二・六%で、出産まで順調な人と比べ一〇ポイント高く、吉野さんの場合も、もともと子宮筋腫があったとはいうものの、働かされ方も影響を及ぼしたはずだ。

## †ハラスメントを訴える

二〇一四年一一月に職場に復帰する予定だったため、事前の話し合いをしたが、病院側はあくまでカルテの確認など事務作業を命じ、介護職に就きたいなら準社員だという姿勢を崩さなかった。準社員になればボーナスは六万円程度と少なく、年収は二〇〇万円ほど。事務職の正社員でいれば基本給一九万円にボーナスが冬だけでも三〇~四〇万円になる。妊娠前は残業が多く、年収は四〇〇万円を超えていたため、準社員という条件はのめない。

吉野さんは、妊娠中から裁判を起こそうと考えていた。裁判をしてもしなくても、きっと上司の対応は変わらないだろう。妊娠の報告をした時、上司は未婚での妊娠について「中絶もひとつの道。急いだほうがいい」と言った。この言葉が忘れられず、「いちど、謝ってもらいたい」という一心で、セクハラとマタハラについての提訴を決めた。

マタハラを受けても、妊娠中にストレスを抱え込みたくないと思う女性がほとんどだ。無事な出産を望めば、争わずに辞めて泣き寝入りするケースが多い。訴訟に発展するケースは氷山の一角だろう。

広島の病院で起こった、妊娠によって管理職を降ろされたなどの処遇を巡ったマタハラ訴訟について、二〇一四年一〇月、最高裁判所が「妊娠による降格は男女雇用機会均等法に違反する」という初の判断を示し、広島高等裁判所に差し戻した。これは、画期的な判断だと大きな注目を浴びた。未婚のシングルマザーという点で、吉野さんの訴えも重要なものとなるだろう。

## †資格の壁

子育てのすべてを担うシングルマザーの職探しは制限が多く、細切れ雇用になりやすい。待機児童の増加で需要が高まる保育業界も就労先の選択肢となるが、資格がないと不利に働き、思うように収入を得られない。

松田沙希さん（仮名、二九歳）は、保育補助として働くが、シフトの少なさが悩みだ。勤務は保育士資格のある人が優先されるため、無資格の松田さんは穴埋め役となる。もっと仕事をしたいと希望を出してもシフトに入ることができない。多い時は週五日フルタイムで入ることができたが、最近では週に一日程度。八時から一七時まで働けることは珍しく、八時から入って一二時、一三時で終わりのことが多い。月収は三万～一一万円にしかならない。

夫は何かにつけ嘘が多かった人だった。ボーナスは出ていないといいながら、支給されており、すべて自分で使い込んでいた。また、同居していた夫の両親は、問題が発生してもすべて息子の味方。居づらくなり、夫も信用できなくなっていた。二三歳の時に娘が生まれたが、一歳半で離婚することになった。

結婚前からアパレル会社で正社員として働き、店舗で販売をしていた。育児休業の途中から職場復帰すると、土日やデパートが閉店する二〇時までのシフトに入れないことを理由にパートに切り替えさせられた。反論できず、時給一〇〇〇円のパート社員への条件切り下げをのんだ。こうした、婚姻、妊娠・出産等を理由とする不利益取り扱いは男女雇用機会均等法の第九条で禁止されているが、まるで無法地帯のような状況だ。

離婚後は実家に戻り、娘を保育所に入れて仕事を続けられたため、この時は、「仕事もあるし、ひとり親でも生きていける」と確信した。そのうち、恋人ができて、結婚を前提に娘と三人での同居を始めた。一歳年上の彼は優しく、娘との相性も良い。これからは順風満帆な生活が送れると期待が膨らんだ。

ただ、アパレル販売員にとって、土日や夕方以降は稼ぎ時。土日は休みづらく、松田さんは悩んでいた。子どもが急に熱を出しても、代わりに店舗に入る従業員が少ない。アパレルの仕事は好きだったが、子育てしながら続けていくのが難しく、土日が休みの事務職の仕事に転職しようと、毎晩インターネットの求人サイトを見ては応募した。しかし、事務経験や資格がないことで、なかなか採用されなかった。

そのうち、松田さんと彼との間に新しい命が宿った。もともと結婚するつもりでいたため、妊娠の報告を彼の家族にすると、彼の祖父が亡くなり喪中だったことを理由に結婚に猛反対された。そのため、婚姻届を出すか出さないか、彼と喧嘩になることがしばしばあった。ある日、彼は突然、「出ていく」と言ったまま帰らず、連絡がつかなくなった。臨月でお腹も大きな頃、不安ばかりが募った。

それからは、彼の母親が交渉窓口となった。彼が家賃を払っていたアパートから出ていけといわれ、一週間後には荷物をまとめさせられた。産後、彼の母親が弁護士を雇い、生まれた息子のＤＮＡ鑑定を求めてきた。鑑定の結果は、もちろん、彼の子だった。それでも養育費は月二万円しか払えないという。それでは困ると伝えると、連絡が滞った。一度だけ二万円が振り込まれて以降、なしのつぶてだ。

## †雇用の調整弁としてつかわれるシングルマザー

また実家に戻ったものの、二人の子どもを抱えながら、なにがなんでも働き口を探さなければならなくなった。ママ向けの求人を探すと、新規オープンする保育所の保育補助の仕事が掲載されており、応募するとすぐに採用が決まった。

職場に託児所があり、働いている時間帯は子どもを勤務先の保育所に預けることができる。だが、託児代が差し引かれるため、二万〜五万円の出費となり、赤字になる月も多い。それでも、はじめは戸惑った保育の仕事が楽しくなってきた。以前は、デパートなどのキッズスペースで他の子が近寄ってくるだけでも苦手意識が強かったが、仕事として保育所に行くようになると違った。子どもたちの純粋な笑顔を見ると元気が出る。小さな子が自分の言ったことを理解してくれているとわかった時、「ちゃんとわかってくれたんだ」と、日々が新鮮で勉強になる。

再就職を本格的に考えるなら、保育士の資格をとって保育士になりたいと思うようになった。しかも、保育士の需要は高く、有効求人倍率は二〇一五年一月で全国平均でも二・一八倍となり、東京都は五・一三倍、神奈川県は三・四六倍と高い。

しかし、勉強する時間がない。松田さんがシフトに入っていない時は下の子を預けられず、いつも一緒。一日中、遊んで、生活をして、寝かしつけたらぐったり。一緒に眠りこけてしまう。働く気でいっぱいだが働けず、フルタイムで働いていないから息子の保育所が決まらないという悪循環のなか、松田さんのささやかな望みは、週五日働くということ。「シフトを増やして欲しい。せめて一〇万円でもいいから安定して稼ぎたい。早く実家を出て普通に暮らしたい」

第二の人生の目標が決まっても、雇用の調整弁として使われていることで、まるで努力をする権利さえ奪われているような現実がある。

## †離婚したくても離婚できない苦悩

　離婚が成立していないけれど、別居中、あるいは同居していても家計にお金を入れない、子育てもまったくしない夫の存在に取材中何度も出くわした。そのように考えると、たとえ離婚していなくても事実上の母子家庭は多いのではないだろうか。それらの夫婦は、母子家庭になっても経済的に自立できれば、離婚する可能性があるだろう。いやむしろ、離婚したほうが母子にとって幸せなケースもたくさんあるはずである。また、離婚調停がうまく進まず、なかなか思うようにはいかない事例もたくさんある。

　内閣府「配偶者からの暴力の被害者の自立支援等に関する調査結果」（二〇〇七年）では、「離れて生活を始めるに当たっての困難」を尋ねており、裁判や調停について「相手が離婚に応じてくれない」が三三・八％に上る。最高裁判所事務総局家庭局「人事訴訟事件の概況」（二〇一三年一〜一二月）によれば、その一年に全国の家庭裁判所で新たに受理した訴訟は一万五五九四件で、そのうち八六・九％が離婚訴訟である。また、この一年間で終局した離婚は九五七三件、平均審査期間は一一・七カ月で、当事者がそれぞれ出席し、かつ判決で終局した離婚訴訟は三〇〇四件で、平均一五・九カ月かかっており、それなりに時間と労力を費やすことになる。

取材に同席した小学三年の真君（仮名）と四歳の智也君（仮名）。過去にも何度か会っていたこともあり、真君は「こんにちは」と、最初は笑顔を見せてくれたが、母親の小原智子（仮名、三〇代）さんと離婚の話になるとすぐさま「あいつみたいには絶対にならない」と、顔を曇らせた。

真君が五歳の時、夫は関西地方で研究職の仕事を見つけて単身赴任した。薄給のため生活費はほとんど入れず、物理的にも金銭的にも事実上、一人の子育てが始まった。お金に余裕のない夫は二〜三カ月に一度、出張のついでに帰ってきたが、生活リズムがすっかり〝独身貴族〟になっていた。まだ就学前の子どもや仕事のある小原さんの生活リズムを無視して、平日、二一時を回ってから思い立ったように突然、「プラネタリウムを見よう」と言って息子を連れてタクシーに乗り込み、六本木まで行って、深夜に戻ってきたりした。

夫が単身赴任している間に、二人目の男の子に恵まれた。一人で働きながら小学生の子を見ての出産は大変だろうと、智也君が保育所に入るまでの間、九州にいる実家の母親が助けにきてくれた。

真君が小学校一年生になる二〇一二年四月、夫は三年で職を変え、東京に戻ってきた。保育所に入ってすぐは、どの子も、熱、はしか、水ぼうそうなど感染しやすく、そのたびに親は会社を休まなければならない。小学校も最初は一一時〜一二時に終わって下校する。夫が東京に戻ってきたが、まだ母の助けが必要だと、五人の同居生活を送っていた。

## 家庭内別居のつらさ

小原さんの父親が上京した際、子どもに無関心な夫に、「自分のことばかりでなく、もう少し子どもに愛情をかけたらどうか」と注意すると夫は「他人のあんたに言われたくない。バカのばい菌がうつる」と、吐き捨てた。夫の母はお嬢様育ちで教育熱心で、夫は旧帝国大学を卒業した。夫の家族は、短大卒の小原さんや専門学校卒の小原さんの母を馬鹿にしていた。

小原さんの親が九州に帰った後は、夫は皆で寝ていた部屋を占領して引きこもった。家庭内別居が始まり、夫はまるで独身生活を送っているようだ。トイレと風呂の時だけ部屋から出てきた。なにかにつけ勝手な夫。真君が二、三歳の頃、夫はなんの相談もなく仕事を辞めて大学院に進学し、ＭＢＡ（経営学修士）をとると言い出したこともあった。

家庭内別居は、他人から聞くよりずっとストレスを感じた。小原さんが仕事のトラブルで残業が発生し、保育所のお迎えを頼むと、家に連れて帰ってはくれたが、子どもにご飯ひとつ食べさせない。ひとつ屋根の下にいるのに頼れない。険悪なムードに疲れてうつ状態に追い込まれ、離婚するエネルギーは失われていった。

おまけに、真君が小学校の担任の教師からいじめにあい、「学校に行きたくない」と言い出した。真君が学校でトイレに入ると隣りの個室トイレにクラスメイトが入って上から覗き見をしていたが、それを知っていても担任は止めなかった。担任は「君みたいに勉強できる子が学校に来たくないというの、おかしいよね。バカな子が学校嫌いならわかるけど」と、小学三年生のクラス全員の前で言うなど、辛くあたった。

二年前のゴールデンウィーク明け、夫はひとりで缶ビールを飲みながら「こんな生活をしているなら、結婚している意味がない」と実家に帰ってしまった。たまに荷物を取りに顔を見せるがそれが嫌で、七月には荷物を送りつけたが、理由をつけてはふらりと帰ってきた。

生活費の振込を催促すると、夫は逆切れし、「(お金が入らないのは)銀行のせいかな?」と、子どもじみた言い訳をして、とぼける。「そのうち、銀行が調子よくなるんじゃない」と、渋って入金しない。その反面、「有名な進学塾があるから息子に入塾の試験を受けさせろ、費用は自分が払うから」と、別居中も成績の良い真君の教育だけには熱心だった。

### †首絞め事件

二〇一三年のクリスマス、事件が起こった。家族が揃った団欒のなかで、夫が智也君の首を絞め、警察を呼ぶ事態となった。

ちょうど小学校が冬休みに入るため、小原さんの母が孫の面倒を見に来てくれていた。小原さんと母が食事を準備中、夫と子ども二人が遊んでいた。隣の部屋で夫はあぐらをかいて子どもを膝に乗せるなど、じゃれて楽しそうな笑い声が聞こえていた。

しかし突如として、夫の「謝れー！」という怒鳴り声が家中になり響いた。台所で包丁を持った小原さんと母がとっさに振り向くと、激高した夫が台所に逃げてくる智也君を捕まえ、手荒に抑え込む。怯える智也君のお腹のうえに馬乗りになって首を絞めながら「ごめんなさいを言え！　謝れ！」繰り返している。

殺しかねないととっさに思った母がまず飛んでいき、「一緒に謝りましょう」と、智也君の体を引きずり出して正座をさせて謝らせた。当時二歳の智也君が、夫のシャツをふざけて噛んで五〇〇円玉の大きさの穴が空いたことに腹を立てていたのだった。真君も、目の前でその一部始終を凍りつくようなまなざしで見ていた。

「これは、いつか子どもが殺されてしまうかもしれない」と、血の気の引く思いがして即座に離婚を決意した。

この〝首絞め事件〟のあと、智也君の頭に円形脱毛症ができた。そして、大人が見えないと不安がるようになり、保育所でも常に抱っこかおんぶ。友達を押したり叩いたり、噛みついたり。三月頃までその状態が続き、トイレのトレーニングをできる精神状況ではなく、保育計画を変更してもらうほど情緒が不安定になった。

## †ダメな夫の子どもへの影響

その事件以前は、小原さんは、離婚したいと思っても子どもが大学を卒業するまで我慢しようと考えていた。あと二〇年近く一人で子どもを養い、教育を受けさせるか自信があるわけではなかった。しかし、首絞め事件で、そんな気持ちは吹き飛んだ。貧しくてもいい。贅沢をしなければ国立大学であれば行かせてあげられるのではないか。早く離婚して籍を抜きたいという気持ちが日に日に増していった。会社に提出する年末調整に、「配偶者有」とするのも嫌でたまらなくなった。

夫が冬休みはどうするのか、と尋ねてきた。「今年も子どもを連れて帰省する」と答えると、それが気に食わない夫は「だったら生活費を入れない」と、子どもの前でごねはじめた。母が携帯電話で小原さんと夫の会話を録音したのに気付くと、夫は恐ろしい表情で睨みつける。これは殺されるかもしれないと、一一〇番通報した。警察が来て事情聴取され、その日のうちに、夫には残っていた荷物を持って実家に帰ってもらった。その日、離婚の決意はゆるぎないものとなった。

すぐに弁護士を探して、年明けには具体的な離婚への道を探った。夫が戻ってこられないようマンションの鍵も替えた。夫は、訪ねてきてはピンポンピンポンとインターフォンを連打し「いるなら出てこい！」と怒鳴った。

二〇一四年一月上旬から法的な別居の開始時期として、婚姻費用の請求（夫婦間に生活保持義務があることから生活費を確保する方法）と慰謝料五〇〇万円を請求する申し立てをした。夫は応戦するかのように、子どもに会えない精神的苦痛だといって慰謝料四五〇万円を小原さんに請求してきた。弁護士はつけていない。子どもの首をしめたことを「事実無根」と反論している。

離婚の調停を申し立てると、夫は警察署に電話をして「妻と子どもと連絡がとれないから捜索願を出したい」と問い合わせていた。小学校にも子どもが登校しているか何度も問い合わせ、しまいには名乗らずに「地域センターから来ました」と嘘をついて学校に潜入してトイレにこもっていたこともあった。

また、夫は、次年度に向けた保育所の在園継続のための手続きに必要な源泉徴収票を渡さなかった。それを提出できないと、所得が不明となり、保育料は最高額を請求される。小原さんは別居しているのに二人の収入が合算された額で保育料が決まることにも、理不尽さを感じた。弁護士を通じて、夫はしぶしぶ源泉徴収票を出したが、小原さんには金額を伏せられた。源泉徴収票を出さず保育料を最高額にして、お金に困って離婚しないと言わせようとしているのが見え見えだった。

前々から収入が増えても生活費を入れてはくれなかった夫。別居後も振込がなく、催促しても音沙汰がない。やむなく夫の実家に電話すると、姑が「だからこの結婚に反対だった」といって三時間ものののしる。困り果てた様子を見た真君が「お金を入れてくれないから生きていけません」と泣きながら電話するとやっと振り込んでくれた。

そして、真君は、父親のことを「あいつ」と呼ぶようになり、「DVとかカネを入れないような大人にはなりたくない。あいつと同じ血が流れているのも嫌だ」と口にするようになった。

### †難航する離婚調停

離婚調停は難航している。夫は離婚したくないと主張し、頻繁に「子どものことをこんなに想っている」とPRするファックスを送ってくる。小学校で作品展があった際、学校にいって、子どもの作品を異常なくらい撮影していたようだ。真君は父親には会いたくないと、学校行事がある日は必ず休んでいる。しかし、家裁の調停員は父と子を面会させたがっている。

真君を児童精神科で受診させると適応障害と診断され、父親との再会に対する恐怖から慢性的な不安と抗鬱状態があると判断された。泣きながら医師の診察を受ける真君。なんとしてでも、面会は阻止したかった。夫の興味は真君の教育だけ。「智也は僕に似ていない」と無関心だ。

調停は月一回ペースだ。婚姻費用の額で、もめにもめた。小原さんは月一〇万円を要求していたが、八万五〇〇〇円で妥協した。夫は、小原さん名義の銀行口座に振り込むのは嫌だと、子どもそれぞれの口座に四万二五〇〇円ずつ入れるが、子どもと会わせてくれなければ払わないなど、なにかにつけて、支払を拒否する姿勢を見せる。

養育費や婚姻費用については、なかなか決まらないことが多く、「養育費・婚姻費用算定表」が作られた（図表7）。離婚訴訟を数多く手掛けている、さかきばら法律事務所の打越さく良弁護士は「これまで、男性側に義務があるにもかかわらず『勝手に出て行った妻になぜ支払わなければいけないのだ』と渋るケースも多かった。しかし、算定表の存在ができて『そのくらいは払わなければ』と、早く費用が決まるようにもなり、一定の意味があった」という。

ただ、親の年収については、総収入ではなく「基礎収入」で金額が決められているため、低く見積もられている問題が残る。「基礎収入」とは、総収入から、①税金・社会保険料、②特別経費、③職業費が引かれたもの。その「職業費」が問題で、こづかい、交際費、諸雑費で総収入の約二割が認められているため、基礎収入は総収入の四割程度に留まってしまう。久留米大学法学部の松嶋道夫氏の「子どもの養育費の算定基準、養育保障はいかにあるべきか」によれば、例えば、三人の子がいる夫婦の離婚で、年収五七一万円の夫と、

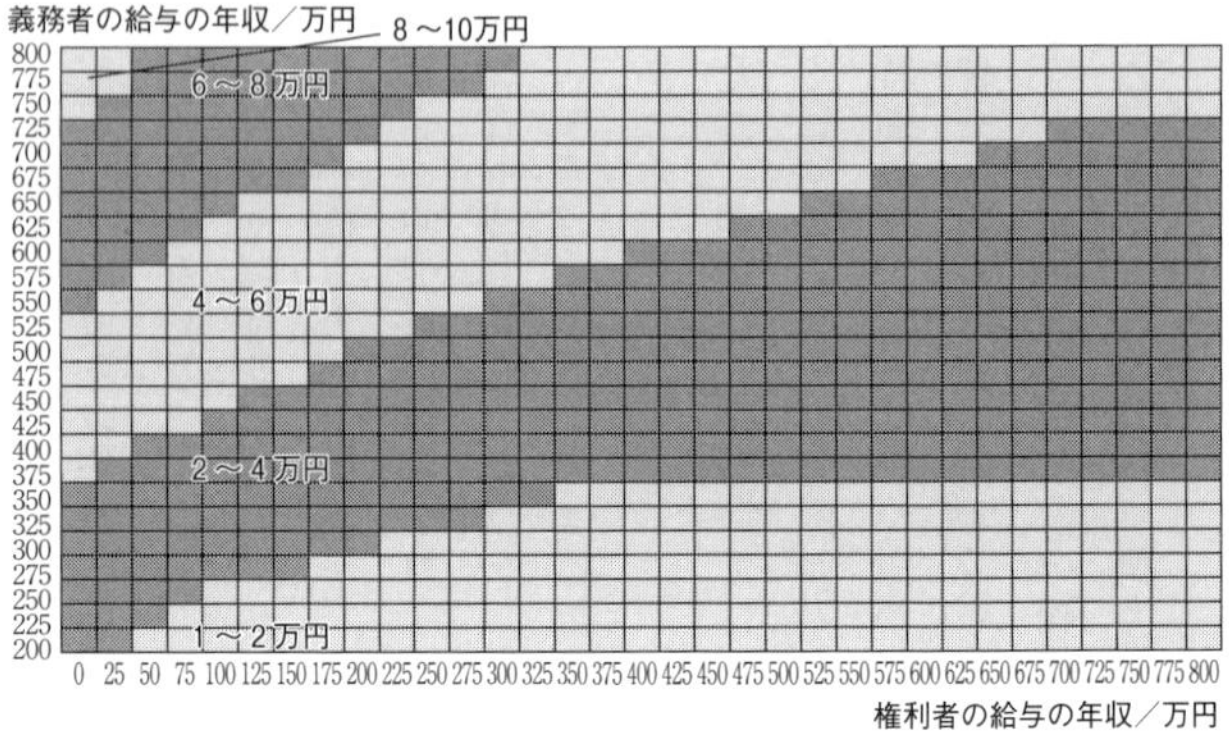


図表7－1　子ども1人（0～14歳）の時の養育費

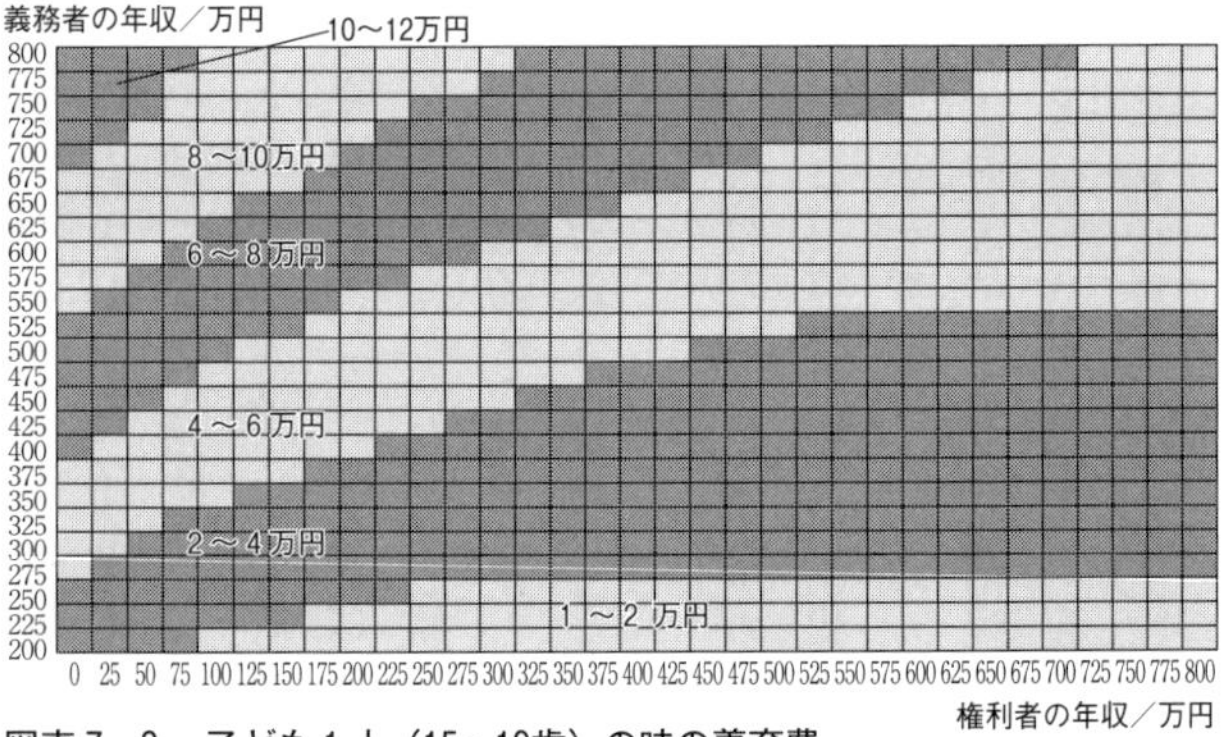


図表7－2　子ども1人（15～19歳）の時の養育費

出典：裁判所HP：（http://www.courts.go.jp/tokyo-f/saiban/tetuzuki/youikuhi_santei_hyou/）より作成

※この表は一部で給与のみの場合。他に子ども2人以上の場合など詳しく掲載されている。

年収四二五万円の妻の場合、妻が親権をもって夫が養育費を支払う時に算定表に従うと、子どもが三人でも月九万円程度にしかならない。離婚後、夫は年間四六三万円で暮らすことができるが、妻は五三三万円で三人の子を養っていくことになり、父親に余力がありすぎると問題視されている。

話を小原さんに戻そう。さらに、心配なのは離婚する際の財産分与だ。小原さんは、独身時代の貯金で子どもの学資保険に入っていたが、離婚の財産分与で夫に半分とられるのではないかという不安から、学資保険はいったん解約して、実母の名義で保険を掛け直した。自分の預金も解約してタンス預金にした。

小原さんの基本給は二六万円で家計も楽ではない。人件費削減のため残業が禁止されているため残業代が見込めない。住宅手当が二万七〇〇〇円、扶養手当が二人分で一万三〇〇〇円支給されるため合計で月三〇万円の収入になるが、社会保険や年金保険などが引かれると手取りは二二万円だ。家賃や保育料を払うと手元に残るお金はわずかだ。真君は、お金の話に敏感になり、「うち、お金ないんでしょ、大丈夫?」と聞くことが増えた。

## †子どもの心の傷は大きい

事実上の母子家庭で頼る大人がいないとなると、子どもの生活にも影響が出てくる。

真君は小学校が終わると友達と遊ぶこともなく、一六時には家に帰っているため、鍵っ子だ。友達は週三〜四日は塾通いで忙しい。小原さんは仕事が終わると智也君を保育所にお迎えにいき、買い物をしてから一緒に帰る。帰宅できるのは早くても一九時を過ぎる。なんとか頑張れば一九時半に夕食を作り終えるが、そう理想通りにはいかない。食事、お風呂、すべてがずれ込んで、子どもたちが寝るのが二三時を回ってしまい、〇時を過ぎることもしばしばだ。

子どものために早く寝かせないと、と思ってせかせかしてしまうと、かえって子どもに不満が溜まるのか、夜、テレビを見たがる。テレビを消すと、騒ぎ出すためやむなくスイッチを入れて、家事を済ますが、年が離れた兄弟が一緒に見て楽しめる番組は限られる。テレビを見ているうちに寝るのが遅くなり、朝も起きられなくなる。無理やり起こすから朝食を食べられない。「早寝早起きが良いことなんてわかっているけど無理！」。理想的な生活をするなら、会社を一五時には出ないと実現しないのではないかとさえ思う。

離婚調停は進まず、母子ともにストレスが溜まっている。真君は、弁護士事務所から来る封筒を見るだけでブルーになる。取材中も父親の話になると、どんよりとした暗い雰囲気になって、何度も取材を中断して話題を変えた。喫茶店内の少し離れたソファ席に移り、「どうせ聞こえちゃうけど」とクッションをかぶって、じっと動かなくなり、取材の日を改めた。大人が思うより、心の傷は深い。

## †アルコール依存の夫

都内に住む三浦絢子さん（仮名、四四歳）も離婚調停中だ。子どもが生まれてからずっとシングルマザー状態だ。小学生の優輝君と保育所に通う俊介君の二人の息子がいるが、離婚話が具体化すると、夫は親権欲しさに溺愛する優輝君を連れ出し、もう一年近く会えないでいる。

離婚の原因となったのは夫のアルコール依存症だ。結婚してからというもの三浦さんが一家の大黒柱としてやってきた。しかし今、稼ぐために長時間労働をしてきたことが裏目に出て、子どもと引き離されそうになっている。その大きな矛盾に三浦さんは怒りが隠せないでいる。

夫は同世代で大学院を出て就職していたが、出会った頃は、医学部を目指していた。何度受験しても不合格という結果に終わった。三〇歳を目前として浪人生活を送る彼。しかし、「医学部に合格したら僕と結婚してください。結婚できなかったら死ぬ」とまで言う。その言葉通り、私大の医学部に合格し、三浦さんが三四歳の時に結婚した。三浦さんは、生み時を考え、彼が学生のうちでも出産を計画した。卒業前に二人の男児が生まれた。子どもが生まれると、三浦さんは、とにかく仕事をして、育てて、という毎日となった。

二〇一一年にようやく夫は研修医になり、大学病院のER（緊急救命室）に配属され、病院勤務が始まった。夫の話によれば、とにかく地獄のような毎日。医師からも看護師からも殴られ、蹴られたという。右も左も分からない研修医など目には入らず現場は殺気立っている。右往左往していると「お前、何やってんだよー」と殴られた。何かを聞いても「そんなこと聞いてんじゃねーよ」とまた殴られた。それでも決められた期間は行くしかないと耐えようとしていたが、四日でぷっつりと心が折れ、うつ病になってしまった。

メンタルクリニックを受診すると、ドクターストップがかかり、休職した。体が鉛のように重く感じて動けない夫。その状態が一年ほど続くなかで、三浦さんの留守中、ビールを飲んだのか、帰ってくると空き缶が増えていた。その後も度々お酒を飲んだ形跡が残っていた。

夫はうつ病というよりは、アルコール依存症に陥り、ブラックアウト（アルコール性記憶喪失）状態で、完全に意識が飛んでしまう。帰宅すると、失禁したまま意識を失い倒れていることが何度もあった。

## †兄には溺愛、弟には暴力

金銭面でも不審な動きを見せた。休職してからは傷病手当が出ているはずなのに、一銭も家計にお金を入れず、お金がないと主張する。以前に、共有名義でマンションを購入した時に、夫の消費者金融からの借金が発覚したが、うやむやにされていた。再び洋服のポケットから消費者金融の明細が出てきた際、問い詰めると、一二〇万円を借り入れていた。夫の両親に相談すると「男には金が必要な時があるんだ」と息子の味方で話にならない。アルコール依存症について夫は「俺は医者だからわかっている」と言って否定する始末だった。

アルコール依存症になってから性格も変わった。自分の行動を阻むものはすべて敵というような戦闘態勢をとる。まだ二歳にもならない俊介君を、理由もなくバシッと叩くようになった。泣きわめいて手がつけられないと「うるせーな」とバシッ。そんなことが少なくても週に一度はあった。その一方で、優輝君を溺愛するようになり、もし優輝君がいなくなれば、自殺か放火でもしかねない様子を見せた。うつ病だけだったら、別れず何とか一緒にやっていこうと思ったが、何かストレスを感じるたびにお酒を飲んでは倒れて病院に運ばれる。入院して治療してもお酒をやめられず、三浦さんは「酒、金、子どものことで問題が解消されなければ離婚したほうが良い」と覚悟を決めた。

帰宅すると夫が倒れているような家に帰りたくなかった。夫に保育所のお迎えを頼んでも、保育所からお迎えはまだかと連絡が入る。慌ててお迎えにいって帰宅すると夫は自宅で倒れていた。家が既に生活の場ではなくなっていた。

夫も「明日にでも離婚する」と勢いづいたが、鬼の形相で「親権は絶対に渡さない」と譲らなかった。

親権とは、未成年の子どもを監護・養育して、財産管理などをし、その子どもの代理人となって法律行為をする権利や義務のことを指す。親権の一部に「監護権」があり、実際に子どもの近くで世話をすることができるようになる。離婚する際、協議離婚の場合は話し合いによって、裁判で離婚を決める際には裁判所が親権者を決定する。

日本の場合は、離婚した父母が共同して親権をもつことはできないため、どちらかが親権者となる。厚生労働省「人口動態統計」によれば、二〇一三年で八四・二％が、母親が子ども全員の親権者となっている。子どもが幼いほど母親が有利だと言われている。長時間労働で育児をする時間の少ない父親よりも、一緒に過ごす時間の多い母親といたほうが精神安定上よいとされるからだ。

言い争いに疲れ切った三浦さんは、親権を諦めようと思い、子どもが夏休みになったらじっくり話し合おうと考えたが、それを待たずに夫が「お前はぜんぜん家事も育児もしない。離婚しよう」と切り出し、翌日、夫は自分の両親を保証人にして、印鑑まで押してあった離婚届を三浦さんに差し出した。

さらにその翌日、夫は勝手に優輝くんの住民票を自分の実家に移し、優輝君の小学校の転校手続きまで済ませていた。転校について学校から連絡を受けた三浦さんが異常事態に気づき、慌てて家に帰ると、夫が荷物をトラックに積み込み、「親権を渡すくらいなら連れていく」と、優輝君だけを連れ去った。

知人の勧めで調停離婚に持ち込もうとすると、夫は激怒し、「とにかくやめろ」と言う。三浦さんの留守を狙ってマンションに入り込み、三浦さんの日記や手帳を持ち去り、離婚に不利になりそうな証拠を全て消し去った。ある日、俊介君が体調不良のため保育所を早退して一緒に帰宅すると、夫が家のなかでパソコンをいじっていた。「何やっているの」と聞くと「調停はやめろ。やめないなら、何するかわからない」と脅された。

鍵を変えても侵入され、携帯電話もなくなるなど嫌がらせが始まり、もう一人では対応できないと弁護士を頼んだ。

夫はろくに仕事もしていないで実家に戻っている。親権については母親が有利なはずと思ったが、ふたを開けてみると、三浦さんには子どもの看護補助者がいないことが不利に働いた。親権者が決まるまでに、子どもに対する愛情、経済力、代わりに面倒を見てくれる人がいるかなどが問われるからだ。

## †生活のため残業をすればするほど費用がかかってしまう

さらにショッキングだったのは、マンションのローンのすべてを三浦さんが返済しているのに、三浦さんに対して婚姻費用を請求してきたことだ。夫が無職状態で算定表から単純計算され、月三万円ほどの支払いを求められた。しかし、医師である夫が少しでも働けば、半年で三浦さんの年収分を稼ぐ。別居中でも保育料は離婚が成立していない以上、収入が合算されて、それを三浦さんが一人で支払っている状態だった。

住宅ローンが月九万円に修繕積み立て費が四万円。保育料は月三万円程度。しかも、三浦さんは残業が多く、二一時半まである延長保育を使っても間に合わず、自治体を通じて、個人が自宅で子どもを預かるファミリー・サポート制度（ファミサポ）をほとんど毎日、利用している。そのため、忙しい月のその利用料は七万円にもなる。

ファミリー・サポートとは乳幼児や小学生などの子どもを育てている労働者や主婦などが会員となって、依頼会員（援助を受けたい会員）、提供会員（援助を行いたい会員）が自治体の窓口を通して紹介され、個々に契約する仕組みである。

自治体によって基本時間などは異なるが、基本は保育者一人が子ども一人をみる。子どもは主に提供会員の自宅で過ごす。病児や早朝夜間の緊急時も自治体によっては対応していて、提供会員が八時間以上受け付けられることが条件となる。宿泊を伴うケースもある。厚生労働省によれば、二〇一三年度で七三八市区町村が基本事業を実施しており、病児・緊急対応強化事業は一四一市区町村となる。依頼会員は四六万六二八七人で、提供会員は一二万三一七三人で引き受け手は圧倒的に足りていない状況だ。

実家は遠く離れているため絶対に頼れない。ファミサポが都合悪ければベビーシッターに頼むが、安くても時給一六〇〇円はかかる。おおむね時給二〇〇〇円を払い、見ず知らずの他人に子どもを預けることになるが、仕事が立て込めば、そんなことは言っていられない。二〇一四年三月に、インターネットを介して安価なベビーシッターに預けられた男児が遺体となって発見された事件が起こったが、三浦さんにとってその事件が他人事とは思えない。それだけその母親も切羽詰っていたのだろうと想像した。

仕事のある日は、ファミサポを休日も利用している。八時間利用すると、一日で七二〇〇円にもなるが、同じマンションに住んでいるため、駆け込み寺と化している。そこは、何人ものシングルの親や、両親とも夜に店をしている親子の居場所となっている。引っ越して区外になった人まで電車を乗り継ぎ、預けに来ている。

自治体から決められている定員は二人だが、常時三、四人の子がおり、両親が飲食店で深夜〇時まで仕事が終わらない家庭の子は、独自に取り決められている「六〇〇〇円の宿泊パック」を利用して週四、五日泊まっている。三浦さんも、お迎えが二二時になるような時は、泊まらせてしまう。看護師のママ友は、保育所が二一時まで延長があっても上の子が小学生で学童保育に延長がなく、ファミサポにお迎えに行ってもらって、きょうだいを預かってもらっている。ファミサポにいる子どもたちは、きょうだいのような関係になっている。

## †仕事と子育ての両立の困難

三浦さんの悩みは、親権争いだけではない。今は一緒に暮らす俊介君が小学校に入った時の生活も心配だ。

小学生の優輝君は下校時間が早く、ＰＴＡの集まりが平日昼間に当然のように行われ、行事も多い。急に担任から「明日、面談しましょう」と言われることもしばしば。もし優輝君の親権がとれたとしても、宿題を見て、夕食が出ない学童が終わる一八時頃にお迎えにいくような生活ができるのだろうか。

三浦さんは「子どもを理想通りに育てながらフルタイムで働けるはずがない」と、現状に憤りを覚えている。彼女の会社は、皆が普通に二〇時、二一時まで会社に残っており、一日一〇～一二時間働かないと会社から認められない。一七～一八時に保育所にお迎えに行くなんて理想でしかない。

子どものことを考えれば、一九時には帰宅して、二一時には寝るのがよいのはわかっているが、現実、お迎えは二一時半になる。それから帰宅してお風呂に入ってすぐに眠れというと触れ合う時間は全くなくなる。明日の支度をして二三時になんとか寝かしつけられるかどうか。朝は遅めに起こして、九時に出社している。正社員である以上、残業をこなさなければいけない。俊介君が小学生になったら、会社を辞めざるを得なくなるのではないか。そうならないためにも、俊介君が小学校に入っても、ファミサポに預けたいと切望している。

三浦さんは、離婚調停で、調停員から「仕事ばかりで子どもの面倒を見ていない」と判断された。「じゃあ、無職で子どもにべったりしていればいい？　それでは食べていけない」と納得がいかない。

そして、兄弟が引き裂かれた状況に、思うところがある。

「子どもと一緒にいたければ親権をとらなければならない。その実績作りのために、子どもを連れ去ってしまう。私のケースは父親が連れ去ったけれど、多くは逆だ。離婚の準備が整わないうちに母親が無理に子どもを連れて逃げて親権をとろうとすると、仕事が犠牲になって収入がなくなる。これは、日本が単独親権だから、かえってシングルマザーの貧困を生むのではないか。父親だって、親権もないのに養育費だけ払う気持ちになれないのではないか」

前述の打越弁護士は「未成年の子がいる場合は養育費について裁判所でチェックを行う司法インフラを整えるべきだ。離婚届を受け付ける行政の窓口では、養育費や面会交流（養育していない親が子どもと面会すること）の方法を記入できる合意書を配布する取り組みもあるが限界がある。裁判所が合意内容をチェックする仕組みがあることが望ましいのではないか」と指摘する。

優輝君が夫のもとで無事に育つか心配だが、なすすべがない。たまたま今は経済的に自立して子どもを育てることができるが、それも融通の効くファミサポがあるから。もしファミサポが使えなくなったら、今の生活は維持できないと思うと、不安だらけだ。

三浦さんは、それでも心の支えに夢を持とうとしている。いつか、シングルマザーのためのマンションを作りたい。家に大人が自分ひとりでは、小さな子どもを置いてちょっと近くの店に行こうにも外に出られない。誰でもいい、お年寄りでもニートでもいいから、大人にちょっといてもらいたい。ゆるくつながることができるマンションがあればいいのにと、自身の経験から願っている。

現在、厚生労働省では、母子家庭の親が仕事やその他の理由で平日の夜間や休日に不在になる時に、一七〜二二時頃まで子どもを保護し、生活指導や食事を提供する「夜間養護等（トワイライトステイ）事業」を行っており、二〇一二年度で三六三カ所ある。保育所や学童保育へのお迎えも行っているが、まだ数も少なく、定員も多くはない。そして、子どもにとっては二重保育になるだけだ。ファミリーサポート制度も、本来は一九時頃までの利用時間となっている。働く側のワークライフバランスが実現されないなかで、夜間の保育のニーズにどれだけ対応できるか。保育所の夜間保育の充実もひとつの課題ではないだろうか。

# 第四章 それでも生きていくために

母子家庭になる過程も境遇もさまざまだが、現状に甘んじないで前向きに生きていこうという想いは誰もが同じだろう。その時、必要なものは何か、考えてみたい。

## †より安定した仕事を目指して

訪問介護のヘルパーとして働く川名小百合さん（仮名、三九歳）は、一四歳の息子と、七歳、四歳の娘と一緒に二度目のシングルマザー生活を送っている。現在は、実家の関西から離れた神奈川県で暮らしており、少しでも収入を上げて生活を立て直したいとひとり親家庭の就業支援制度を利用しながら看護師を目指している。

厚生労働省は、二〇〇三年度から「高等職業訓練促進給付金等事業」を行っている。これは、ひとり親になった母や父が看護師や准看護師、介護福祉士、保育士、理学療法士、作業療法士などの資格を取得するために、二年以上、養成機関で修業する場合、その間の生活の負担軽減のため、給付金を支給する事業である。この事業には、二〇歳未満の子どもがいて、児童扶養手当の支給を受けているか同等の所得水準であること、養成機関で二年以上のカリキュラムを修業して資格の取得が見込まれることなどの条件がある。

また、「高等職業訓練促進給付金」として、市町村民税が非課税の世帯で月額一〇万円

（課税世帯で月七万五〇〇〇円）が修業期間の全期間（上限二年）で支給される。また、専門学校などでの修了後に、「高等職業訓練修了支援給付金」が非課税世帯に五万円、課税世帯に二万五〇〇〇円支給される。市区町村が窓口となる。厚労省の調査によれば、シングルマザーの三人に一人が「仕事を変えたい」と考えており、その半数が「収入がよくない」という理由である。

二〇一三年度の総支給件数は七八七五件、資格取得者は三二一二人となった。資格で一番多いのが看護師で一四四一人、次いで准看護師が一一三三人、保育士が二四三人、介護福祉士が一一一人など。就職者数は合計二六三一人となった。看護師や准看護師は常勤での就職がほとんどで、そうした資格を得て多くのひとり親が新たな人生のスタートを切っている。

離婚して母子家庭になった母親の最終学歴の約半数は高卒で、中卒も一〇人に一人はいるため、安定した就労を目指す時に資格取得が有効になる。「全国母子世帯等調査結果報告」（二〇一一年度）を見ると、実際、資格を持っている母親が「役に立っている」と答える割合は高く、医療や介護の分野の資格が多い。

労働政策研究・研修機構（ＪＩＬＰＴ）の周燕飛氏の『母子世帯のワーク・ライフと経

済的自立』では、高等職業訓練促進給付金制度の政策効果を検証している。高等技能訓練促進費の期待リターン率（資格取得者が訓練期間中に無収入となった分を差し引き、年収を訓練前と後で比べたもの）について計算すると、看護師の期待リターン率は一八・〇％で、投資回収の所要年数は五・六年と一番短い。理学療法士・作業療法士も期待リターン率が高く一〇・六％（投資回収は九・五年）となっている。准看護師（都道府県知事が認可する資格）や介護福祉士、保育士も常勤で働くことができれば率は高めだ。

川名さんは、反抗期の延長で、高校一年生の頃に大きな理由なく「やめるわー」と高校を退学した。それからは、ファストフードでアルバイトを始め、働くことでお金を得る喜びを感じた。二〇歳の時、高卒の学歴はあったほうがいいという先輩からのアドバイスで、夜間の定時制高校に入りなおした。その後、通信制の高校に切り替え、二〇〇〇年に卒業し、遅まきながら春を迎えた。

卒業した年に定時制高校で出会った男性と二四歳で結婚した。妊娠中に、夫が川名さんの友人と浮気していたことがわかった。まだ若かった川名さんは我慢できず、産後八カ月で離婚した。

離婚後はまたファストフード店で働いたが、息子が喘息にかかり入退院を繰り返したため休みがちになるとすぐにクビになった。しかたなく実家に戻り、仕事を探したが、子どもがいるというだけで面接すら受けられないことが多く、コンビニやジュエリーショップの販売員など、やれる仕事があれば何でもやった。時給の高いスナックでバイトもした。

それでも、粘り強く仕事を探すと病院の看護補助で正職員採用された。ただ、患者や家族にとっては、看護師も看護補助も見分けがつかない。医療的なことを聞かれても答えられず、「自分も患者からの相談に乗ってあげられればいいのに」と看護師に憧れるようになっていった。

かけもちでコンビニでもアルバイトをしていると、バイト仲間の八歳下の大学生との交際が始まった。その後、看護師への道を本格的に考え、看護学校を受験したが不合格だった。看護師は国家試験だから難しいだろう、准看護師なら合格しないかと道をさぐっていた矢先、妊娠していることがわかった。同時に、彼が就職で神奈川県に行くことになり、「一緒に来ないか?」と誘われ、結婚して新しい生活をはじめることにした。彼との間には、二〇〇七年に女の子が、二〇一〇年にも女児が生まれ、順調な再スタートをきったと思ったが、そうはいかなかった。

## †二度目の離婚

二〇一二年の年明け、夫が体調を崩し、病院へいくと、うつ病と診断された。急にハイテンションになったかと思えば、酔っ払って職場に行く日もある。急に暴言を吐くなど、川名さん一家の生活は壊れていった。実家の母親に相談すると「私がお金を出すから別れなさい」と、慰謝料として三〇〇万円を払い、その年の一〇月に離婚した。見捨てたようで気が引けたが、仕方ないと諦めるしかなかった。

川名さんの母親も川名さんが三歳の時に離婚しており、母子家庭で育った。生活保護を受けていた時期があり、母は娘の川名さんまで生活保護を受けることに難色を示していた。それでも、川名さんは「生活を立て直すため割り切ろう」と、離婚届を出してすぐ、生活保護の申請をした。実家に戻ることも考えたが、一度目の離婚で引っ越した際、小学二年の息子が転校先でいじめを受けたことから、親の都合で振り回したくないと神奈川に住み続けることにした。引っ越さずにすむ唯一の方法が生活保護だった。

## †ひとり親への支援事業

貯金があれば生活保護は受けられない。一文無しの状態で、買い物は一切しないで、申請が降りるまでの二カ月間、極貧生活を送った。食べ物は、離婚した時に持ち出した食料でなんとか食いつないだ。光熱費も滞納し、いつ電気が止まるかと心配しながら役所からの連絡を待った。もちろん保育料も滞納せざるを得なかった。子どもに食べさせるものがなくなると、園長は「後払いでいいから」と、夕食を出してくれた。

ようやく、生活保護の受給が決まり、最初に四八万円が支給された。お金を持ってすぐにコンビニに走って滞納していた光熱費を払い、「これで無事に年が越せる。お餅を買える」と、安堵した。

子どもを預けている保育所は日曜と祝日も運営しているため、人手が足りないからと、川名さんをパートで雇ってくれた。それに訪問介護の仕事をすると、月七〜八万円の収入になり、加えて生活保護費が月一〇万円ほど出る。

仕事が安定しだすと、「介護ヘルパーより給与が高い介護施設に就職したいが、それだと夜勤はできないし、子ども三人は育てられない。どうしよう」と悩むようになった。いくらお金があっても足りない。

そこで、川名さんは、三度目の正直と、看護師を目指そうと決めた。収入面でも介護職よりは賃金が高く、自立できると考えた。厚労省「賃金構造基本統計調査」（二〇一四年）を見ても、賃金の差がわかる。一〇人以上の企業規模で、職種別による女性の平均の所定内給与と年間賞与などの額を見てみよう。看護師だと月給二九万六二〇〇円に賞与などが七八万一〇〇〇円となり、准看護師で月給二五万七五〇〇円に賞与などが六四万六八〇〇円となるが、ホームヘルパーだと月給二〇万六四〇〇円に賞与などが二九万八四〇〇円というような差がある。

そして、川名さんは、看護職を目指すのであれば、前述した「高等職業訓練促進給付金」が自治体から出ることを知り、可能性を感じた。

この制度を利用して看護師の資格を取ろうと思ったが、川名さんは「看護師は一日中びっしりと三年間専門学校に行かなければならず、その間、働く時間がなくなる」と、ハードルの高さを感じ、働きながら勉強することができる准看護師から目指すことにした。准看護師であれば二年で勉強が終わる。そこから、正看護師になるための「進学コース」に移って看護師になることも可能である。

現在は、朝は中学生と小学生の子を送り出し、四歳の子は保育所に預けて、午前中に一、二件、一時間または三〇分単位の訪問介護を入れる。一三時から一七時三〇分まで准看護師を養成する専門学校に通い、夜は勉強の時間に充てている。

### †看護師という需要が高い仕事

看護師の羽賀友里さん（仮名、二九歳）は、パート勤務だが「たとえ非正規でも、看護師ということで経済的には困らない」と感じている。アパート探しでも不動産会社からは「看護師なら大丈夫」と査定は甘かった。彼女はまだ離婚届は出してはいないが、ほとんど離婚と変わらないような生活を続けている。

都内の老人保健施設の正職員として働いていた羽賀さんは、同じ職場の介護福祉士の彼と交際することになった。

交際を始めてからしばらくすると妊娠がわかり、一二月婚姻届を出した。羽賀さんは二七歳、彼は二三歳。最初は妊娠を喜んでくれたが、だんだんと「あれ？」と思うようなことが増えた。二月には彼の反応が完全に鈍くなり、胎動がわかるようになっても、感激する様子がまったくない。何かにつけて外泊することが多くなっていた。何かおかしい。まるで子どもが生まれるのが邪魔なような雰囲気を醸し出す。

四月に彼の携帯を覗くと、前に同棲していた女性と浮気をしていることが判明した。関係を修復しようと「私に何か悪いところがあるなら言って」と話しかけてみたが、彼は黙って逃げるだけだった。

そのうち羽賀さんは体調が悪くなり、貧血を起こし、電車に乗ると動悸がするようになった。不眠症の症状も現れた。そのため、五月に産休に入るのを前倒しして四月から休むことにした。彼といるのが苦痛で、都内の実家に頻繁に帰るようになった。

立会い出産をすれば彼の気持ちが変わるかもしれないとお願いしたが、彼は風邪をひいて立ち会えず、六月にひとりで娘を出産した。しばらく実家に帰っていたが、彼は一～二週間に一度しか子どもの顔を見にこない。初めての子育てに不安だった羽賀さんは、帰るタイミングが分からなくなり、ずるずると実家に居続け、一〇月になってやっと家に戻った。

そうして、二カ月ほど経った頃、彼のため息の多さに、きっとうまく行かないだろうという予感がした。夜勤明け彼から「仕事は終わったけど、ちょっと、ふらふらしてから帰ります」とメールが来た。それを見て「ああ、これはダメだ」と直感した。

## †職場結婚のつらさ

自分も子どもも大事にされないで、夫婦関係を続けていく意味があるだろうか。離婚の二文字が頭のなかをよぎった。しかし、子どもは生後六カ月。まだ育児休業中だったが、彼と同じ職場に戻るわけにはいかない。とにかく職探しをしなければ。先輩のアドバイスで、育児休業中にいったん実家に帰り、離婚しても生活できる基盤づくりを始めることにした。これまでにも生後間もなく離婚を決めた例はあったが、実際に統計を見ると末子が〇〜二歳で母子世帯になる場合が一番多く、二〇一一年度でも三四・二％を占めている。

彼は最終的には「向こう（浮気相手）に気持ちがいっているから、向こうを選ぶ」と言うくせに、子どもには定期的に会いたいと身勝手だ。離婚について話し合ううち、浮気相手には毎月一、二万円を振り込んでいたことがわかった。以前同棲していた頃に一緒にかった犬の養育費だった。年三〇〇万円もない収入から、浮気相手の犬の養育費を捻出していたことを知り、頭に血がのぼった。

別居に踏み切れたのも、看護師で収入が安定しているからだ。アルバイトでもやっていけるし、病院、訪問看護、デイサービスなど、どこでも働くことができる。実家から近いところで以前から興味のあった訪問看護の仕事が見つかった。職住接近しているため、仕事と子育ての両立もできるだろう。最初の一年は非正規雇用だったが、時給一八〇〇円と他の職業よりは高いため手取りは月二二～二五万円となる。日本医療労働組合連合会による「賃金・労働時間等実態調査」（二〇一四年一二月）から、看護師の賃金には地域などによって大きなばらつきがあることがわかる。パートの看護師の場合、時給の最高額が二四〇〇円、最少額が八五〇円で二倍以上の違いがある。病院などの規模にもよるが、都市部ほど賃金が高い傾向があり、少なくても都市部であれば生活に困窮する水準ではない。

羽賀さんは、実家で同居すると関係が近すぎてうまくいかなくなる気がして、実家の近くにアパートを借りた。六畳と五・八畳の一DKで商店街が近くて便利なところを選んだ。家賃九万円を値切って八万五〇〇〇円にしてもらった。

母と子二人の生活は、慌ただしい。八時三〇分に子どもを保育所に送らなければいけないのだが、「保育園に行こう」と言っても、二言目には「やーだー」と、その年齢特有の「イヤイヤ期」が始まり、大変だ。アパートから保育所までの間には踏切が二つあり、電車を見たくて立ち止まってしまう。「早く行こうよ」といって、なんとか保育所に送り出して、職場に向かう。そして、八時五〇分から一七時まで仕事をする。

職場は母子家庭の羽賀さんに対して理解があり、残業をせずに帰ることができる。お迎えの前に買い物を済ませ、いったん帰宅して洗濯物をとりこみ、夕食の準備にとりかかる。

一八時にお迎えにいくと、やっと会えたママに子どもは甘えたい。帰りもあっちこっち寄り道しては「やだー」とごねる。夏は汗もがひどく、先に風呂に入ってから、野菜たっぷりのチャーハンを作り、一九時三〇分には食卓につくようにしている。

少し遊んで、おもちゃの片付けをしつつ、洗濯機を回す。二一時頃に子どもを寝かしつけると、つい一緒に「寝落ち」してしまう。二二時にハッと目が覚め、明日の連絡帳を書いて保育所に持っていく着替えなどの準備を済ます。オムツ一枚一枚に名前を書くのも手間がかかる。そして、自分の弁当を作って冷蔵庫へ。〇時過ぎにやっと眠れるがくたくただ。

訪問看護を始めて一年。正職員になり手取り二四万円にボーナスがつくようになった。そして、生活にも慣れた。子どもはもうすぐ二歳だ。二年前に話し合ったきり彼とは会っていない。彼は律儀に保育料の二万八〇〇〇円を振り込んでくる。月一回、「振り込みました、子どもは元気か」という簡単なメールがくるが、子どもに会いたいとはいってこない。ちゃんと離婚協議をしなければと思いながら、タイミングを見計らっている。

悩みといえば、土曜の午前中だけ出勤しなければならない時があるため、土日フルに子どもを遊ばせてあげられないこと。それでも、他のシングルマザーよりはずっと恵まれていると日々、感じている。

### †夜勤という母子家庭にはきついハードル

前述のように、都心であれば看護師不足から非正規でも経済的に困窮はしない傾向があるが、地方ではそういかない。

東北地方で過疎に近い地域で看護師として病院に勤務する中島宏子さん（仮名、二七歳）は、夫のDVが原因で半年前に離婚した。二歳の子どもを抱えて夜勤はできないと病院に相談すると「正職員で夜勤ができないなんて言えない。パートになるしかない」と一蹴された。

勤め先は地域の中核病院のため、患者が多い。本来は夜勤が免除されるはずの妊婦ですら夜勤から逃れられないほど忙しい。そんななか、中島さんは、月一〇回もの夜勤に組み込まれていた。看護師には、労使協定や看護師確保法の指針によって夜勤は月八回以内というルールがあるが、それすら超えている。

日本医療労働組合連合会の「二〇一四年度夜勤実態調査」でも、月八日以内の夜勤は全体の七六・一％で、依然として九日が一五・一％、一〇日以上が八・八％もある（図表

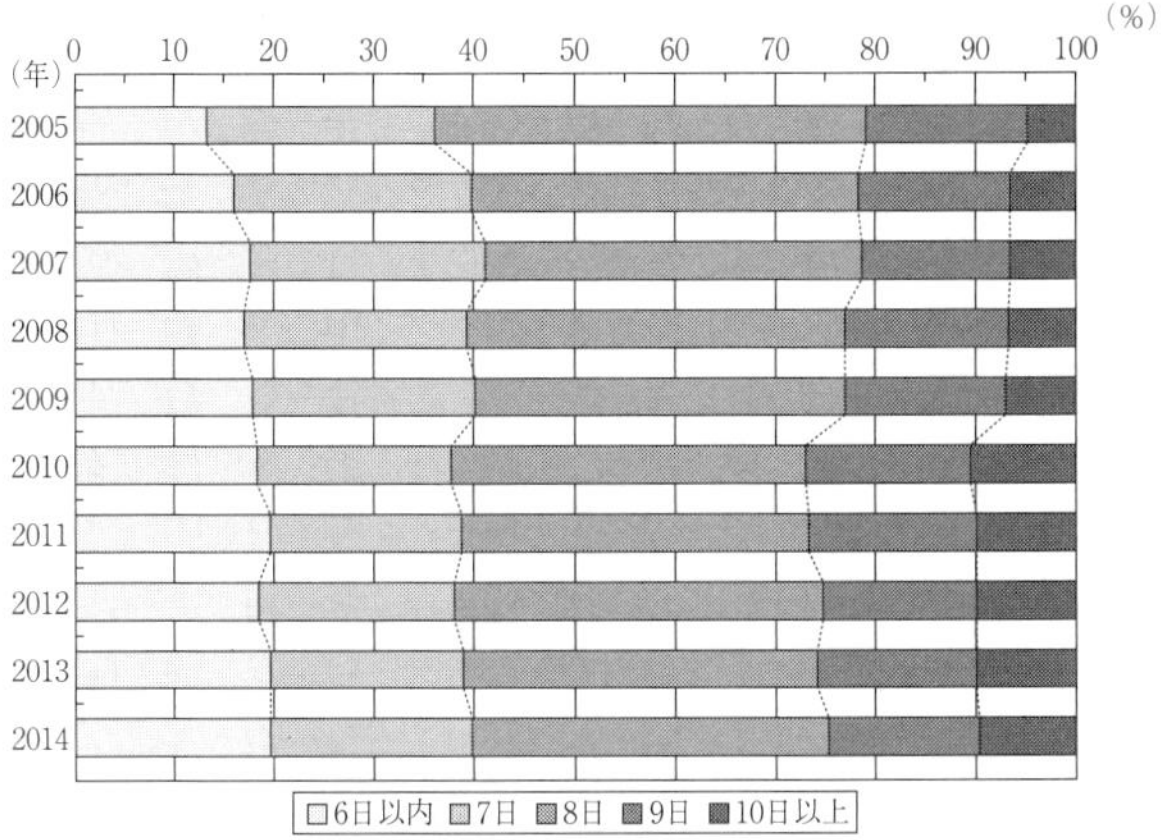


**図表8　3交替病棟の平均夜勤日数**

出典：日本医療労働組合連合会「医療労働」2013年11月より作成

8)。労働組合がある病院での調査結果であるため抑止力が働いているとはいえやはり夜勤は多く、労働組合がない病院であればもっと夜勤の回数が多い可能性がある。そうしたなかで実家を頼ることのできない看護師が働くことは難しいだろう。実際、母子世帯全体のなかで三割が、親と同居している。

実家と職場は車で一時間もかかるが、夜勤のある日は実家に預けている。子どもはまだまだママが恋しい年齢だ。祖父母がなだめても寝つけず、泣き疲れて眠っていることが多い。実家から保育所に子どもを連れていくのにも片道一時間かかる。

中島さんの深夜勤は〇時から九時までだ

が、残業が恒常化していて病院を出るのは一一時頃となる。実家の父か母が自分の出勤前に子どもを保育所に送ってくれる。実家があってこそ、なんとか働き続けることができているが、家族の負担は決して軽くはない。

中島さんは「そろそろ、親も限界だろう」と、別の病院を探したが、夜勤がないのはパートだけ。日中だけの勤務でいいクリニックはパートしかないうえ、中島さんの住む地域にはそもそもクリニックも病院も少なく選択肢がない。実家のある近くは、さらに人口の少ない地域のため、職探しは不可能に近い。

中島さんは家族のことを考え、夜勤をしないで済むパートになろうかと考えたが、夜勤の手当てを含めて月給が二三万円程度。パートになれば、月給は一七万円程度と格段に低くなってしまうため、頭を悩ませているが、子育てが一段落するまでの一定の期間と考えて、職場で再度、夜勤の免除について交渉しようと心を強くしている。

### †実家がなければやっていけない

東海地方の看護師、瀧田聡子さん（仮名、四六歳）は離婚後、実家に戻る決断をした。先のケースと同様に、やはり彼女も夜勤がネックとなった。

結婚当時、夫は働かず、瀧田さんが常に大黒柱となって三人の子どもを育ててきた。収入はないのに女性関係が派手で、最後は愛想をつかし、離婚に躊躇はしなかった。

自治体病院で働いている瀧田さんも、中島さんが働く病院と状況は同じで、「夜勤をやって一人前。できないなら辞めろ」と離婚後、退職勧奨を受けた。ただ、パートになっても夜勤を強要されるため、「それなら正職員でいたほうがいい」と踏みとどまった。

自治体病院で定年まで勤めれば退職金もあてにできる。四〇代になってから病院を辞めて他に行くことができるかという不安もあった。上の子は成人しており、下の二人も、高校生と中学生で、さほど手はかからない。実家の両親には「お父さんとお母さんのいざという時は、私が介護をするから」と懇願して、居候を決めた。

「実家に住むことができなければ、看護師が夜勤をしてシングルで働き続けることは不可能だ」と、痛感している。

安定しているように見える仕事にも落とし穴があり、夜勤の問題は特有の事例だが、こういったところにも母子家庭が生活しづらい原因がある。そして、夜勤は看護師や介護などの医療・福祉分野だけでなく、システムエンジニアや量販店、飲食店などの一般企業にも広がっており、夜間の労働について改めて考える必要があるのではないだろうか。

## †大企業で働く母

母子家庭になったシングルマザーの約一〇人に一人は夫と死別している。死別の場合は遺族年金が支給されるため、生活が困窮することから避けられる。そして、福利厚生のしっかりした大企業で働いていることで救われるケースもあり、不意の出来事を考えると、女性の労働環境の影響は大きい。

初めて就いた職（初職）が非正規だと、その後も非正規であり続けることが多い。最近では、初職が非正規という割合が高くなっており、総務省「就業構造基本調査」（二〇一二年）によると二〇〇七年一〇月から二〇一二年九月に初職が非正規の女性は、一九八七年以降で最も高い四九・三％となっている。いつ何が起こるかわからないという点で見ると、学生時代のうちから企業の福利厚生を考えることも重要かもしれない。

中学二年生の娘がいる星野睦美さん（仮名、四〇代後半）は、娘がまだ生後九カ月の時に死別した。夫は当時、まだ二八歳。突然死だった。

化学メーカーの研究開発部門で、三三歳の時に年下の同僚と職場結婚した。夫は特に過労状態だったわけではなかったが、ある日曜の朝、珍しくなかなか起きてこなかった。布団のなかから、うーん、うーんとうなっている声がした。最初はふざけているだけだと思ったが、そのうち、ただごとではないうなり声に変わり救急車を呼んだ。娘を抱えて同乗し、夫は病院に搬送されたが心肺が停止した。二〇〇一年の一二月のことだった。

その時、地方に住んでいたが、事情が配慮されてすぐに実家のある東京への転勤が叶った。夫が他界した一二月は保育所の入園締め切りの月。実家のある自治体では、まだ引っ越しも転勤も済んでいないため住民票がないことを理由に相談にすら乗ってもらえなかったが、隣の自治体が子育てに手厚く、その行政区内への引っ越しを決めて二月に引越し、四月までは認可外保育所でしのいで働いた。〇歳の時期、離乳食を作る余裕がなく、月齢が高くなると弁当を買って済ませたこともある。家事、育児、仕事をこなしていくには、少しでも負担を切り捨てなければ限界を超えてしまうと「ごめんね」と思いながら、家事で簡略できるものは簡略した。

振り返ると、やはり娘が乳幼児の頃が大変だった。家事も育児もちょっと目を離したすきに子どもが危ないことをするため、ヒヤヒヤした。お風呂を一人で入れなければならない。赤ちゃんを湯につけるだけの「沐浴」のうちは、一緒にお風呂に入ることができないため、子どもが寝た隙にささっと入浴するしかなかった。赤ちゃんの揺りかごのなかに子どもを寝かせ、脱衣所にその揺りかごを置き、うぎゃあと泣けばすぐわかるようにしたが、赤ちゃんを見てあげられるのが自分しかいないと思うと、ドキドキして風呂に入った気がしない毎日だった。日々、「お金より、人手が欲しい」と思った。育児に追われる毎日だったが、夫を亡くしたことを話せるようになるまで二〜三年を要した。

いまから一三年も前のことだが、その当時、会社の福利厚生が手厚く、短時間勤務制度を利用して、一日二時間の短時間勤務にすることができた。実家の両親は飲食店を営んでおり、そうそうは頼れない。ベビーシッターを雇うには高すぎるため、時短制度はありがたかった。

時短制度が認められていた三歳までフルに制度を利用して子育てと両立した。保育所は一九時まで延長保育があったが、通勤に片道一時間かかるため、一九時ジャストにお迎えにいけることは少なかった。保育所に入った一年目は洗礼のごとくよく熱を出し、近くに住む実家を頼ることが度々あった。また、運よく時短制度が終わるタイミングで二〇時まで延長保育がある保育所に転園できた。

ただ、子どもは毎日、保育所に行きたくないと泣いてごねた。あまりに泣き続ける毎日。四歳児クラスになっても、しまいには「お母さんの会社についていく」と言って聞かない。

「絶対に静かにしてね」と約束をして、こっそり職場に連れていき、空いている机に座らせた。当然、娘にかまっている余裕はない。電話対応をしている最中に、娘が「トイレ！」と叫んだが連れてはいけず、他の社員にお願いした。会社に行っても構ってもらえないことが分かった娘は、それ以降、保育所の登園時に「イヤイヤ」と言わなくなった。

### †夫をなくしたショック

星野さんの年収は約五〇〇万円。遺族年金も年一〇〇万円出るため、収入の心配はない。子どもが生まれた時に既に夫が学資保険に加入しており、子どもの進学についても、ずっと公立に通うなら困ることはない。いずれ両親と同居するだろうと、夫の生命保険金を頭金にして二〇〇〇万円の住宅ローンを組んで一軒家を建てた。住宅ローンは月六万円あったが、既にすべて繰り上げ返済した。老後の住居の心配もなくなった。順調に見える星野さんだが、もちろん、夫を亡くしたショックは大きく、それは時間が経過した後うつ病という形で現れた。

看取った直後はショックが大きすぎて感情の枠を超えていた。「心のブレーカーが落ちた」という星野さん。何の感情も持てず呆然としたが、やるべきことが多すぎて感覚がまひしていた。寂しいと考える暇がなかった。今、思えば、葬儀を終えた時や引っ越しをした頃から、神経がピリピリして、うつの症状が出ていた。夫を亡くしてから一年経って、どうもおかしいと思い心療内科を訪れると、うつ病と診断された。現在も、時々、幻聴や幻覚に悩まされており、休職している。定期的に心療内科に通い、服薬して、薬とは長い付き合いだ。気分の浮き沈みが激しく、一日中ごろごろしていることも少なくない。それでも、会社の制度が整っているため、失業を心配せずにいられる。

八〇歳前後になる両親はまだ現役で飲食店を自営している。両親と同居したことで、子どもが一人で留守番する心配もなく暮らせている。

## †中卒でも好待遇

東海地方の柳田明子さん（仮名、四二歳）も、「離婚後は実家の両親の存在は不可欠だ」という。柳田さんは、高校を中退して工場でパート勤務をしていた際、二〇歳で職場結婚した。子どもができてからは専業主婦だったが、七年前に離婚した。現在、二〇歳、一八歳、一一歳の子どもがいる。

離婚してからは、「とにかく三人の子を養わなければ」と職探しをした。以前に新聞配達のバイトをした経験があり、就職先に新聞販売店を思いついた。中卒だったため、苦戦すると思ったが、運よく待遇が良く、働き方に理解のある新聞販売店に正社員として就職できた。面接では、「子どもが熱を出しても休みません。母に来てもらいます」と答えたという。他の新聞販売店はアルバイトばかりで、休みもなくボーナスも出ないが、勤め先はほとんどが正社員で勤続年数も長く、待遇が手厚い。定年まで働きたいと思っている。

深夜一時三〇分に起きて朝刊を配って朝六時に帰宅。すぐに子どもを起こしてごはんを食べさせ七時一〇分に学校へ送り出す。洗濯や家事をすまして八時から一一時まで眠る。それから自分も朝食をとり、一二時三〇分にまた職場へいって夕刊を配達。集金などもして一八〜一九時に仕事が終わり、帰宅。二一時を過ぎると子どもと寝て、また起きてという毎日だ。子どもがインフルエンザにかかった時には母にみてもらい、とにかく仕事に出かけた。下の子が幼稚園の時は夜、淋しくないよう実家の母に来てもらった。

「シングルマザーでなくても地元に正社員採用はなかなかない。毎日、毎日、お金のことを考えなくても良くてありがたい。これから高校進学もある。手取り二三万円の条件は、地元ではなかなかない。この会社に入ることができて良かった。同じ八時間働くなら新聞配達は稼ぎが多い。職場の雰囲気も良い」という。

## †夫がいなくても頼れる人がいることが大切

年長の娘は、合格した高校に行かなくなり、本格的な不登校になった。毎日お弁当を作っても朝起きず、だんだん外に出かけるようになった。彼氏といるのか、友達で集まっているのか、「ちょっと出てくる」と言って帰ってこない。話を聞くと、教師と合わないという理由で、どうしても学校には行きたがらず高校を転校した。柳田さんも、離婚直後はすぐに泣いたり、不安定だったため離婚が原因だったのではないかと考えている。娘は定時制高校に通い直して四年かかって卒業し、すぐに結婚した。真ん中の娘は素直に育ち、看護専門学校に通っている。看護師になれば就職は心配なさそうだ。

周囲のシングルマザーは再婚した人が多い。柳田さんには恋人がいるが、結婚は考えていないという。

「再婚して男性に養ってもらうほうが楽だろう。しかし、経済的に自立し、何でも自分の判断で決められることは嬉しいこと。夜ちょっと出かけるのにも、いちいちお伺いを立てるのはまっぴらだ。恋愛と結婚は違う。今は好きな人と一緒にいる時間があれば良い」と、柳田さんは話した。

職場と家と実家や姉妹が近いことが柳田さんにとって良い環境となっている。職場で言えない悩みがあっても、姉や妹に吐き出すことができる。姉妹の子どもと同じ年齢で、運動会も皆で参加できるため子どもたちが寂しい思いをしなくてもすむ。職場もアットホームで、穏やかな母子家庭の生活を送っている。

シングルマザーの収入は、学歴によっても左右される傾向がある。「全国母子世帯等調査結果報告」(二〇一一年度)によれば、母親の最終学歴別の平均年間収入が示されており、中卒は一二九万円、高卒は一六九万円、短大で一八六万円、大学・大学院で二九七万円となっている。

前述の柳田さんは中卒だが、年収は約三五〇万円で大学・大学院卒の平均を大きく上回る。中小零細企業のなかにも、処遇がよく、シングルマザーが働きやすい職場があることがわかる。そうしたマッチングの機会や、職探しをする余裕ができるような支援があれば、柳田さんのように安心して働くことができるのではないか。

## †地元の名士の妻の息苦しさ

現在、労働組合の職員の田中幸子さん(仮名、四〇代)も、ほぼ専業主婦の状態で離婚したが、新しい職場に恵まれた。仕事を通じて仲間ができ、持ち前の明るい性格のままシングルマザー生活を送ることができている。

田中さんが結婚した一九八〇年代はまだバブルの頃で、「高学歴」「高収入」「高身長」を「三高」あるいは「3K」と呼び、そうした男性と結婚するのが流行していた。

中国地方で生まれ育った田中さんも、そうした流れにのって地元で有数の同族企業の経営者の息子と二三歳で結婚した。すぐに子どもに恵まれ、二四歳で双子を出産した。妊娠中はまだ働いていたが、切迫流産で四カ月の入院が続き、仕事を辞めた。

親の会社を継いだ夫の兄が会社を拡大させていた。夫も一緒に働き、人当りが良く、営業に腕のある夫の年収は八〇〇万円ほどあった。しかし、産後数カ月して、夫に多額の借金があることを義理の兄から知らされた。夫は騙されやすく結婚前から二〇〇〇万円もの借金を抱えていたのである。

「知っていたら結婚しなかったのに……」と、田中さんは悔やんだ。

いつどこで借金するかもわからない。夫は何かトラブルが起こると、「借金はもうしない」と言いながらすぐまた督促状が届くため喧嘩を繰り返した。家計の危機を感じた田中さんは、給与から毎月三〇万円は貯金をして、残りを返済に充てた。

子どもが四歳になって幼稚園に通うようになった頃に、田中さんは義兄の会社で事務員として働き始めたが、その矢先、夫が今度は焼身自殺を図った。ある雨の日、帰宅した夫が顔や手にやけどを負っていた。すぐに病院に連れて行った。わけを聞くと、車のなかで火をつけたが、思いとどまったという。そのため、わずか一カ月で事務の仕事を辞めざるを得なくなり、夫も退職した。夫は兄の援助を受けて独立し、ほどなく年収は二〇〇〇万になった。

借金があっても夫は飲み歩き、酔うと乱暴になった。また、夜に暴力団員が借金返済を迫って自宅にくることも増えた。そうした状況を心配した義理の兄から「借金を繰り返すだけだ。もう別れなさい」と言われ、離婚を決意した。

いざという時のための貯金は、二〇〇〇万円に積みあがっていた。労働組合でパートで事務の仕事を始め、その収入に加えて、夫の代わりに義理の兄が月一〇万円の養育費を出してくれることになったため、年収は三〇〇～四〇〇万円になった。「これで子どもの学費はなんとかなるだろう」と、シングルマザーになる覚悟を決めた。

離婚する直前、実家の両親と同居することを見越して家を建て直していたため、夫名義で約二〇〇〇万円のローンがあったが、田中さんの名義に借り換えた。さらに、田中さんの父が保証人になった夫の借金が五〇〇万円あったが、それも田中さんが返済した。夫の借金の肩代わりは合計一〇〇〇万円近くに上っていたが、すべてを清算する思いでお金の精算をした。

田中さんは、「地元の名士の妻」だったことから、常に「〇〇さんの奥さん」と呼ばれることを不快に思っていた。離婚によって、それからも解放され、経済的にも自立できることが嬉しくてたまらなかった。義兄から離婚を勧められた日は、帰り道、スキップをするくらい心が軽くなっていた。

## †元夫の自殺

離婚した時、双子は小学六年生。中高一貫の私立を受験していたため、学費が月二万七〇〇〇円ずつだったが、そのまま私立に進学させることにした。離婚で子どもの将来の芽をつぶしたくはなかった。

それから一年半後、夫は車のなかで練炭自殺をして息を引き取った。朝四時に警察から電話がかかり、身元の確認をした。あまりの衝撃に言葉を失った。思えば、夫は複雑な家庭で育っていた。父親が何度も離婚と結婚を繰り返し、兄とは母親が違っていた。さらに養母から優しくされたことなく育ったと聞かされていた。

「子どもにとっての親は私一人になった。ただ、子どもを幸せにするために母として生きよう」と、心に誓った。

そのため、田中さんは再婚を考えなかった。もともと、母親からは「ただ酒は飲むな」と教えられ、男性と食事に行ってもご馳走されることが嫌いな性分ということもあってか、シングルマザーになってからは、男性から言い寄られてもはねのけてきた。

田中さんは仕事の関係で、看護師と知り合う機会が多かった。看護師は夜勤も多くハードな職業だ。子どもがいても、授業参観にも出ることができない。自分の子どもが熱を出しても、看護師なのに看てあげられず出勤して他人の看護をするジレンマを抱える。そんな話を、看護師から涙を流しながら聞いたが、皆、明るく、むしろ田中さんを励ましてくれた。母子家庭になって節約している田中さん親子に洋服のお下がりをくれるなど、何かと可愛がってくれた。そうした看護師の労働条件や職場環境が良くなるような活動を熱心に続けた。

そのうち収入が上がったが、質素な生活を心掛けて貯金をし続けた。子どもには、それぞれ五〇〇〇万円を用意し、自分で使い道を考えさせた。双子のうち、ひとりは、地元の国立大に進み、もうひとりは東京の私立大に進学して卒業し、今は働いている。波乱万丈な子育て期を送ったが、その子育てがひと段落した今、「もし仕事を通して仲間と思える人ができなかったら、辛くなって生きていられなかったかもしれない。なんでも一生懸命にしていれば誰かが支えてくれるものだ」と痛感している。

### †シングルマザーを支援したい

「テレビなどで描かれる昔のイメージのシングルマザー像を払拭したい」

石尾ひとみさん（五一歳）は、二〇〇〇年四月に横浜駅から徒歩六分のところに認可外保育所の「こどもの森ほいく舎」をオープンさせた。これ以外にも様々な形で、シングルマザーを応援する事業を手掛けている。

石尾さんは三三歳で離婚してシングルマザーになった。息子の夏海《なつみ》さんは当時、五歳。父親と会えなくなることがうっすらとわかる年齢だった。

石尾さんは離婚後、ライター業を中心とした仕事をしていたため、保育所にお迎えにいって帰宅後にまた残った仕事をするような生活だった。寝入る息子の布団に忍び込んで、数時間後にはまた次の日の仕事に取り掛かる日々に、体力の限界を感じていた。

そして石尾さんがパソコンに向かっている間、夏海さんは母親の仕事が終わるまで邪魔をしないように一人でゲームをしたり、ビデオを見ていた。そうして待っているうちに眠ることが多かった。息子の寝顔を見ながら、「このような毎日が続いたら息子はどうなるのか？」と考え、石尾さんは保育所の経営を思いたった。保育所が職場であれば、仕事が忙しくても、隣で一緒に並んでいられるだろう。息子が保育所に来れば、園児は弟か妹のような存在になるかもしれない。一石二鳥の仕事に思えた。

## †忙しくても仕事を続けられる環境を

最初は〇〜二歳を預かり、一〇〇平米の保育室から始まった。石尾さんは、「職業に貴賤はないといえども、水商売で月一〇〇万、二〇〇万稼ぐよりも、たとえ月一〇万円でも子どもが誇りに思える仕事でお金を得たほうが良い」と考えている。そのため、深夜に働くことの多い風俗業が預けやすい二四時間保育にはしなかった。その代わりに、遅くまで続く残業にも対応できるよう二三時までを開所時間とした。

場所選びにもこだわった。同じ横浜市内でも、私鉄沿線に行けば、「ちょっと家計の足しに」とパートを始める母親も多くなるが、石尾さんはフルタイムでしっかり働く母親を対象にしたいと考えた。横浜駅の近くで保育料が平均七万円となれば、ある程度、自立して稼ぐことができる母親でないと利用できない。そういう本気で働く人を応援しやすいハード（保育所）を作りたかったのである。石尾さんは「キャビンアテンダントなど多忙な職業は両立に苦労するが、子育てしながら仕事を続けて四〇～五〇代のベテランになって若い人を引っ張って行って欲しい」と、忙しい女性ほど応援したいという気持ちが強い。

そのうち、利用していた保護者から三歳以降も預かって欲しいという声があり、徐々に拡大することになった。

石尾さんは「一緒にいる時間の長さイコール愛情の深さではない」「親が親自身の人生の目標に向かって邁進する姿を間近に見て育つことが子どもにとっての幸せだ」という考えを強く持っており、自身の子育てではそれを実践してきた。だからこそ、働く母親について「仕事を辞めないで頑張ってほしい」と応援したいのだが、勤務する保育士からは「なぜこの子の母親はこんな時間まで仕事をしなくてはならないのでしょうか」という声も聞こえてきた。そうした自分とは違う意見を聞くことで、保育が成熟していったともいう。

そして、母親を応援したいという気持ちだけでなく、「少子化で一人っ子が増え、おもちゃの取り合いもしないで大人になったらどうなるだろうか」といった疑問もあった。保育所では、おもちゃの取り合いをしても、仲直りをして関係を修復する育ち合いができる。保育所を経営しながら、子どもを育てる場を運営する責任の大きさを強く感じるようになった。

## †子どもが自己肯定するためには

事業の根底に、親子関係をよくしたいという石尾さんの思いがある。それには石尾さんの育った環境が大きく影響している。

石尾さんの両親は厳しく、兄と姉は常に親の期待に応えようと進路を決めていたように見えた。兄は海外で働き、うつ病になって帰国してからしばらく同居したが、何をしていいかわからないとふさぎ込んでしまい、三九歳という若さで自殺した。「お兄ちゃんのお嫁さんになりたい」と思うくらい好きだった兄の死には大きなショックを受けた。姉も兄も優等生で育つ家庭の中で、石尾さんだけが親に隠れては学校をさぼるなど、自分の意思を通した子ども期を過ごしていた。

そうした家族関係から、石尾さんは「幼少期の自己肯定は大事だ。嫌なことを嫌というのは良いこと。子どもは生存リスクをかけて親の顔色をうかがう。子どもがやりたいことは天井を取り払い、どんどん伸ばそう」と決め、息子に対して勉強しなさいと言ったことはないという。

息子は、尊敬できる先生がいなかったようで、「中学校の授業が面白くない」と半分くらい欠席していた。小さな頃から英語のビデオを字幕なしで夢中になって見るなど、好きなことには没頭するタイプだった。「いつか、自分のやりたいことに出会えば勉強するはず」と石尾さんは信じて見守った。

その石尾さんの予感は的中し、息子は鍼灸師になるための専門学校に通うと、「夏休みがもったいない」というくらい勉強するようになった。友達に誘われ合コンに行って帰ると、「あんなことに三〇〇〇円も使って時間もお金ももったいなかった。三〇〇〇円あれば欲しい本を買えたのに」と、それ以降、飲み会の誘いには行かず鍼灸の勉強に没頭していた。

## †シングルマザーのためのシェアハウス

こどもの森ほいく舎では、「子どもが自分の心と頭で何が正しいのか答えを出し行動することを支援しながら育てる」という自発性を尊重する「モチベイティブ・ペアレンティング」の方針で保育にあたっている。

例えば、おもちゃでいつまでも遊んでいる時、叱るのではなく、「片付けてごはんにする？　どんな自分になりたい？」など、自分で「うん」と言うような、肯定的な言葉で問いかけをして、自分で自分の環境を選択し、責任をとるように内的コントロールを働きかけているという。そうすると、子どもに「人の役に立ちたい」などの気持ちが芽生えるようだ。それとは反対に、外的コントロールである「片付けなかったらおやつあげないよ」「靴を履かないとおいていくよ」といった言葉は、恐怖心でその場をコントロールするだけで、最も子どもに言ってはいけないことだと石尾さんはいう。

石尾さんは、「失敗を許すことが大事。失敗してもまた頑張って受け入れる度量ある人間を育てなければ。保育の根底にもそれがある。一五年余り保育園の運営をして、母親から『ありがとう』と何万回と言われた。保育とは体温が伝わる距離感で感謝される、人を幸せにする仕事。多くの親子の人生に関わって、私というひとりの人間が成長した」と語る。

子どもは皆、ひとりで大きくなるわけではない。周囲の大人の想いがあって成長していく。誰かの役に立つ仕事をして社会に貢献して欲しい。そうした職業に就けるよう教育を受けてほしい。ありがとうと言われる仕事で身を立てられる幸せを、子どもたちに伝えたい──。石尾さんは、「特に、シングルマザーには、そのような気持ちで子どもを育ててほしい」と考え、ペアレンティング・ホーム事業（「シングルマザーのシェアハウス」として知られる）の運営にも乗り出している。

シングルマザーを対象にした第一弾のシェアハウスは、二〇一二年四月に川崎市高津区にオープンした。「離婚するなどしてシングルマザーになり、一時的にも人生の再構築をする環境を作りたい」と考えていた時に、一級建築士で開業している秋山怜史さんと知り合い、このアイディアが実現した。

ここでは、約六畳の個室に親子が住み、台所や浴室、洗濯機は共同で利用し、八世帯が生活する。広いリビングには、英国調のお洒落なソファが置かれ、高価なおもちゃも用意されている。一世帯の家賃は、六万五〇〇〇～七万円、それに加えて共益費が二万五〇〇〇円となる。共益費には、光熱費と、週二回のチャイルドケア（後述）と清掃料が含まれる。内装工事が終わっていない二〇一二年二月、筆者が内見説明会に訪れると、フェイスブックなどで知ったという女性が子どもを連れて満席状態だった。オープンしてから、ほぼ満室状態できており、その後、神奈川県川崎市の二子玉川や東京都杉並区の阿佐ヶ谷などにもシングルマザー向けのシェアハウスを拡大している。

### †子どもに集中する時間をつくるために

シングルマザーにはひとときも交替できるもう一人の親はいない。そのため、精神的にもギリギリになって追い詰められることも多く、休息は必要となる。この役割を果たすのが、週に二度、母親のいる時間帯に実施しているチャイルドケアである。

このシェアハウスでは、チャイルドケアが実施されている。決まった曜日に週一〜二日、一七時から二一時頃までスタッフが夕食を作り、食事の後は絵本を読んだり子どもの宿題を見るなどの世話をしてくれる。その間母親は家のなかで自分の時間を持つことがで

シェアハウスの室内と玄関

きる。子どもにとっては母がいるという安心感があるなかで、自分たちをよく知る〝他人〟と親しむ時間になる。季節の野菜を使って、スタッフが子どもたちと話しながら食事の準備が進んでいく。夕食の準備中に次々に母親と子どもが一緒に帰ってきて、「今日は何?」と聞いてくる。「ただいま」と言えば誰かがいて、「おかえり」と言ってくれる。それがシェアハウスの良さだ。

子どもをうまくしつけられず、責めるだけでは親子関係が悪くなる。ダメと頭ごなしにいうだけでは、その場ではしなくなっても、見ていないところならいいや、となるだけ。自分の頭と心で感じて学び理解していく。チャイルドケアには、そうした役割もある。石尾さんは「週に一日でも二日でも他人の目があると、子どもには自分を認めてもらいたいという気持ちが芽生える。母親にとっても子どもへの言葉がけが、何か違うなと参考になるはず。母子家庭は閉塞しがち、そこに風穴を開ける役割がチャイルドケアにはある」と話す。

ペアレンティングホームがオープンしてから約三年。最大の特徴となるチャイルドケアのある金曜のある日、筆者は再び、高津のマンションを訪れた。

一七時頃にシェアハウスを訪ねると、ちょうどスタッフの木村正美さん(仮名、五五歳）が到着したところだった。鍵を開けてもらい一緒に中に入ると、木村さんは台所に入って素早く料理を始めた。

トントントントントン。ジュッ、ジュッ。

この日のメニューはカレーだ。落合さんが手際よくジャガイモやニンジン、玉ねぎを切り、油で炒めると、野菜の良いにおいがしてきた。そしてカレーの材料を鍋でぐつぐつ煮ている間に、茄子を素揚げにしていく。リクエストがあったという、ひじき料理も用意する。

早い親子は保育園から一八時には帰ってくるため、なるべくそれまでに夕食を作り終える。一八時を回ると、「ごはんなにー？」と、生後六カ月と小学三年生のきょうだいが母親とともに帰ってきた。今度は玄関で母親と帰宅したばかりの四歳の子が「おかえりー！　ただいまー！　きむらさーん！　今日のごはんなにー？」と元気いっぱいの大きな声で叫んでいる。木村さんは、子どもに「おかえり」と、疲れて帰ってくる母親に「お疲れ様」と声をかける。母親に無理に話しかけない。今日は話したい日、話したくない日を察知して気を使わせない関係作りを心掛けている。

一八時五〇分からが食事の時間となる。一八時半頃から子どもたちが待ちきれずに、台所に入ってはニコニコして木村さんの様子を窺う。皆、「今日のごはん何？」とやってきては聞いていく。「あのねー、昨日はお熱あったけど今日はなくなったから、いっぱい食べるねー」。「ぼくカレーライス好きー。おかわりするねー」。なかには楽器のおもちゃを持ってきて「ねー、聞いてー。かたつむりの歌、知ってる？」と歌いだす子も。母親はまだ仕事が残っているようで、部屋にこもっている。

子どもが木村さんに「今日はママ、またお仕事するんだってー。だから、リビングで遊んでいて、だって」と報告している。金曜日は一九時から人気アニメのドラえもんがあるため、特別にテレビをつけたまま食事が始まった。三つほどのテーブルに分かれて、それぞれテーブルを囲み、皆、夢中で頬張っている。

母親同士が、「洗濯物、入れといたよ」「あ、ありがとう。助かった！」と台所で作業をしながら立ち話ししている。そのそばでは、きょうだい喧嘩が始まった。お姉ちゃんが弟をソファから落としてしまい、「ねーねがいじめたー」と泣き出すと、木村さんは様子を見にいき、「どうしたのぉ？　仲良くテレビ見れないかなぁ？」となだめる。

入居中の三〇代の女性は、食事をしながら笑顔でこう語った。

「週二回もチャイルドケアがあって、ごはんが用意されるのはとても助かる。大きなお皿から取り分けて同じものを皆で食べるのが家族的で好き。木村さんが来る日は、早く帰って急いでご飯を作らなきゃと焦らなくていいから、少し遅くまで仕事をするか、早くお迎えにいって寄り道をしたり、ゆっくり子どもとお風呂に入ることができて、余裕が違う。ちょっとしたことでも誰かと話せる環境が良い。少し前には私が急性胃腸炎にかかって臥せってしまい、その日がチャイルドケアの曜日で本当に助かった。木村さんが心配してくれてお母さんのようで嬉しかった」

木村さんは、オープン当初から働いている。当初は、「母子家庭」「シングルマザー」というネガティブなイメージが先行して気を遣わなければいけないと構えていたが、入居者が皆、明るくてすぐに打ち解けたという。シェアハウスで暮らすうち、「互いに影響されて、ママたちがママに見えないくらいお洒落になっていく」という。

子どもたちは木村さんに内緒話をしたがる。タイミングよく一対一なら聞くが、そうでなければ、皆と一緒に楽しめる話題に切り替える。その内緒話はたわいもない、可愛い話題が多い。「今日は保育園でカブトムシを作ったから木村さんだけに見せたい」。本人にとっては大事なこと。個人の部屋に入らないというのがルールとなっていて、木村さんも、それは徹底している。また、皆が甘えてくるため、「一人おんぶや抱っこをしたら全員にしてあげる覚悟でする」と笑う。

## †体験者の経験

この日、オープン当初から一年ほど住んで卒業した池田真美さん（仮名、三二歳）もシェアハウスに訪れており「話を聞いてすぐに見学して、即、入居を決めた」と当時の様子を教えてくれた。後日に改めて彼女の生いたちも含めて話を聞かせてもらった。

池田さんは一八歳で妊娠し、結婚した。二人の娘が生まれたが、離婚してシングルマザーになった。

池田さん自身、少し複雑な家庭に育っている。池田さんの両親は離婚し、父親が姉を、母親が池田さんを引き取った。池田さんが三歳半の時に母が再婚し、一一歳の姉と再び同居したが、母は再婚した男性との子どもを妊娠しており、そのせいか、姉は非行に走って高校もろくに行かず、施設に入れられていた。

池田さんの妊娠が分かったのは高校三年の四月だった。「なんだか気持ち悪い」と感じ、「そういえば生理が遅れている」と、市販の妊娠検査薬を試すと陽性反応が出た。母親に相談すると、すぐに産婦人科に連れられ、妊娠は確実のものとなった。姉も一九歳で出産していたため、中絶は考えず、高校を中退して四歳上の彼と結婚して生む決意をした。彼は理容師の専門学校に行っていたが、収入の多い清掃会社に正社員として入社して新しい命を迎える準備をした。

池田さんは子どもが一歳半になると家計の足しにと、コンビニで、週三日程度の早朝アルバイトを始めた。昼間も一時保育に預けることができれば働き、二歳半で保育園の空きが出て本格的にアルバイトに励んだが、その頃から夫婦の間に溝が生まれ始めた。

夫は清掃会社を辞め、サービス業のアルバイトに転職してしまったため、収入が半減した。夫の母が仕送りをしてくれたがギリギリの生活だ。池田さんは、転職や収入が減ったことに不満を感じたが、それを言い出せずモヤモヤしていた。そして、それが伝わったのか、彼もとげとげしくなり、ギスギスした関係が続いた。家計が苦しく、イライラしてなんでもないことで喧嘩になると、夫は無言になる。重いムードが漂ったが、池田さんはどうしても、もうひとり子どもが欲しかったため、二二歳の時になんとか「子作り」して妊娠したが、妊娠してすぐに彼の浮気が発覚した。

九月に浮気を問いただすと、彼から「別れたい」と切り出され、彼は実家に帰ってしまった。五月に出産したが、夫との関係は修復できず、子ども二人への養育費三万円という離婚の条件だけが決まった。離婚届に池田さんが判を押したのは八月。一〇月にはいったん実家に戻った。

またコンビニのアルバイトを始め、次女が赤ちゃんのうちは早朝に仕事をし、翌年四月からはフルタイムで働いた。子どもが熱を出すと実家の母親が見てくれたり、コンビニではパートの年配の女性が代わってくれたりして、四苦八苦しながらも生活していた。

実家には一年いたが、2LDKの間取りで弟が同居しているため、池田さん親子も住むには手狭だった。父親は家で仕事をしており、母親もストレスを感じ始めたと思い、引っ越すことにした。しかし、引っ越し費用がなく借金した。最初はワンルームで家賃六万七〇〇〇円のアパートに住んだが、狭くて生活しづらく、ふたつ部屋のある七万八〇〇〇円のアパートに引っ越した。借金は利息も高く一〇〇万円に膨らみ、弁護士に相談して債務整理をした。

## †誰かに話せる幸せ

経済的にも職業を考えるうえでも生活を立て直さなければいけないと考えていた時に、シェアハウスの存在を知った。家賃が九万ほどになるが、光熱費が含まれ、チャイルドケアや清掃が週二回もつく。夏や冬の電気代がかかる月で計算してみると割安になる。すぐに内見を申し込み、実際に物件を見てその場で申し込んだ。チャイルドケアの時間は子どもから離れられるため、カウンセリングの資格のための勉強に充てた。

母子家庭は、子どもにつきっきりになりがち。「今日、こんなことがあった」という愚痴や、育児のちょっとした悩みを気軽に大人と話せる環境が必要だ。このシェアハウスでは、ストレスを溜めずにいられて活き活きできた。

一年ほど経って、転職を機にシェアハウスを卒業して、またアパート暮らしをしている。子どもはもう中学二年生と小学三年生になる。仕事が終わって帰ると、布団を干し、洗濯物をたたんで待っていてくれる。

池田さんは、ベビーシッターや保育に関わる仕事に就いた。働いて得る収入は多くはないが、養育費五万円、児童扶養手当四万二〇〇〇円、児童手当二万円があるため月収は合計二七万円になる。コンビニで働いていた時は無我夢中でへとへとになり、子どもにちゃんと向き合えなかったが、今はご飯も作ってあげられる。自分もひとり親なのだから、体は壊すまいと、無理せず、食べていける範囲で働こうと思っている。朝、子どもの髪を結ってあげて学校に送り出すことに幸せを感じる毎日だ。

池田さんにとってシェアハウスの一年は、まさに石尾さんの「ここで人生を再構築して欲しい」というものになった。池田さんはカウンセラーの資格も取れる見通しがつき、少しずつ目標にたどり着きそうだ。

離婚することが珍しくはなくなった今、母子家庭として人生を再スタートするシングルマザーは一二〇万人を超える。予備軍を考えれば、その数はもっと膨らむだろう。その際、親子が健やかに過ごせるような制度や環境が必要となるが、探してゆけば、身近なところにもあるのではないだろうか。

# 第五章 母子を支える手

## †企業の意外な対応

「取材を受けるメリットを感じない」

誰もが知る電気通信事業の大手に取材を申し込み、一カ月も過ぎた頃にやっと広報部からもらった返事だ。子育て中の社員のワーク・ライフ・バランスについて取り組む企業の情報を集めているなかで、同社のコールセンターで社員が在宅ワークできるよう、子どもの世話をして電話をとれない時は「ＯＦＦ」、電話を取れる時は「ＯＮ」にして、それを時給で計算して対価を支払うという仕組みがあると聞きつけ、詳細を聞こうとしていた。

筆者の経験から、好事例として取材を申し込んで断られる時は、実は実績が伴っていない、または、何か別のことで後ろめたいことがあり、それを暴かれるきっかけを作りたくない。ほぼ、このどちらかである。

何度もやりとりをしてようやく取材を受ける態度を示したが、「弊社主管部と調整した結果、『シングルマザーやその他ネガティブなテーマではなく、女性の働きやすい or 女性が活躍する職場という好事例としての取材のみであればＯＫ』となりましたので、その旨、ご連絡致します。上記前提について、認識齟齬等無いようであれば、取材対応候補日をご連絡致します」とメールが送られ、なぜか釘を刺された。この企業に好事例として取材をする意味があるのだろうかと疑問を感じ、日程も合わなかったことから、取材に行くのは遠慮した。

また、都内のある精密加工装置・加工ツールの製造会社では、子どものお迎えなどで早く帰らなければならない社員の仕事を他の社員が引き受けやすくなる〝社内オークション〟制度があると聞きつけた。社内オークションで他の社員が「自分はいくらで引き受ける」と提案し合う仕組みのようで、画期的だと感じた。調べると、就職活動のサイトなどでも積極的なPRがされている。「子育て中の女性社員の働き方の工夫は、シングルマザーにとっても優しい企業ではないか」と取材を申し込むと、広報担当者から「広報ターゲットが違い、メリットを感じない」と断わられた。さらに「就職活動をする学生やその親が読む特集なら喜んで受ける」と返答があった。

筆者はフリーランスのため、本書だけでなく、著名な経済誌などにも複数執筆する可能性があると説明したうえでのことだったが、それでもメリットを感じないと言われることは、前述の通信社と同社が初めての経験だった。

実績が伴わないから取材を受けないのかと両社に尋ねると、当然だが、「取り組んでいることは事実」と返ってきた。そうであれば、これ以上、時間に制約のつく社員に集まって欲しくないということなのか。前者企業に関して労働組合に内情を尋ねると「そのような両立支援をしているという話を聞いたことがない。コールセンターには負のイメージがあるから触れて欲しくないのではないか」と取材に否定的なスタンスについて疑問視していた。後者企業については、新卒採用のイメージアップさえできれば良いというスタンスが読み取れる。

仕事と家庭の両立支援で有名な企業の本音として過去、取材のなかで「実は実態が伴っていないから、厚生労働省のワーク・ライフ・バランス賞は受けたくない」と耳にしたことがあった。また、正直な広報は「良い例で出ると社内で〝実は違うじゃないか〟という不満が高まり、突き上げられて大変なことになる」と明かしてくれることもある。そのように、社会的な評判が一人歩きしてしまい、実態が乖離していることは珍しくないのが現状だ。

シングルマザーの多くが就職活動に困難さを感じている現状からも、企業の本音としては、まだまだ長時間労働を確実にできる人材が求められ、そうでない場合は排除されるということなのかもしれない。公的機関で労働相談を受ける職員は、シングルマザーが置かれる企業内での立場の弱さに憤慨することが多く、「母子家庭にはすぐに動いてくれる支援団体が必要で、体当たりしてくれる労働組合がバックアップできるとかなり違うのではないか」と常日頃から痛感しているという。

求人情報が良さそうに見えても、実態はまるで違うケースは珍しくない。他の労働相談員は「正社員の求人で良い条件と思って就職しても、シングルマザーは簡単に辞めることができないと見透かして『君、よくやってくれるね』とサービス残業や土日の無賃出勤を強いるケースがある。パートやアルバイトは口約束が多く、使い勝手が悪いとすぐ辞めさせられる。職住接近を望むシングルマザーほど、生活圏内でトラブルを起こしたくないと思い、泣き寝入りしてしまう」と話し、「退職勧奨と解雇はわかりづらいため、何かあればまず電話でもいいから相談をして欲しい。ひとり親が子の看護などで休みがちになっても、企業への返事の方法ひとつで少しでも有利な立場にもっていける」とアドバイスする。

### †保育所の対応の差

企業の姿勢が依然として、小さな子どものいる女性、とりわけシングルマザーに冷たい状況で、なんとか職を得た時に頼りになるのは保育所である。

第一章で登場した北海道在住の新田さんは「本当はもっと一緒にいてあげたい。幼児期は大切なのに、この保育園に預けながら働いて良いのだろうか」という罪悪感がある。

新田さんには、小学生の娘と保育所に通う息子がいる。取材をする時、娘が通っていた保育所の一室を借りて話を聞いた。新田さんは着いてすぐ園長に「ここは穏やか。弟もここに通うことが出来たらいいのに」と挨拶していた。

娘は、始めは別の保育所に通っていたが、そこは保育士が足りずに子どもの受け入れ時などは、てんやわんやしていて、預ける時に泣いても親がなだめることを保育士が嫌うため、突き放して置いてこなければいけなかった。お迎えにいくと、娘は上着をかける場所の薄暗いところでジャンパーを抱いて泣いていたこともあった。そうした状況を心配になり、転園の相談のため娘と一緒に見学に来た際、とても楽しそうにしていた。実際、筆者が訪れた印象でも、職員が皆、明るく話しかけてくれ、とても雰囲気が良い保育所だ。

親きょうだいを頼れず、シングルマザーになって子どもと一対一の生活となって悩み始めた頃、この保育所では職員全員が親身になって、新田さんの話にも耳を傾けてくれ、心のよりどころにもなっていた。娘が年長クラスの時に、弟が生まれた。息子も保育所に預けたかったが、空きがなく、違う保育所に通っている。他の保護者から「クラスで食べ終わらない子が『早く食べなさい！　早く！』と怒られながら、皆が寝ているのに一人でずっと食べさせられていた」と聞くこともある。二歳になっても、その日起きたことを満足に伝えることができない子どもたち。一体、どんな扱いを受けているのか心配になった。

それから送り迎えの時に注意して観察していると、保育士が子どもの頬をギューッとつねったり、バシンと頭をたたいていることが目につくようになった。ドアを開閉して遊んでしまう子どもたちに言葉で注意するのではなく、先に手が出る保育士たち。粗雑な保育の様子を見るにつけ、「ちょっと、ひどくないか。幼児期は大切なのに、これで子どもの育ちは大丈夫なのだろうか」と気に病んでいた。

## †どのように子どもと接するべきか

娘が通っていた保育所は、どこのクラスの保育士も「今日、こんなことをしていましたよー」と明るく教えてくれた。娘も「こんな良いとこは、他にないよ」と太鼓判を押す。取材中、園内を見まわして、「いいなぁ、いいなぁ。ここは、いいなぁ」と、新田さんは、まるで子どものように羨ましがっていた。

小学校に入った娘を見て、保育所での生活が身についていると実感する。学校では他の子は、あからさまに意地悪をする子も多いが、ここの保育所の出身の子は、嫌なことがあれば話し合う。保育士はバシッとたたいたり、きつく叱りつけたりしないで諭すようにしている。新田さんも保育士を見習って「どうしたの？」と落ち着いて子どもに接することを学んだ。

保育士は若い人も多かったが、頼もしく、何か相談があれば、先生をつかまえては心のうちを話していた。なんでも話せて受け入れてくれる先生がいることで安心感がある。ここに来れば、同じ小学生をもつ保護者もいて、ちょっと立ち話するだけでもほっとする。母親同士の仲が良く絆も強い。シングルマザーになって悩みを打ち明ける場の存在の大きさを痛感している。

### †三〇年での母子家庭への社会の変化

男女雇用機会均等法ができてから三〇年となり、女性の雇用環境は変わったはずだが、依然として厳しい状況は広がっている。特に、シングルマザーや、今や女性の過半数を占める非正社員はいつ職を失うかも分からない状況が続いている。

シングルマザーを支援しているＮＰＯ法人しんぐるまざあず・ふぉーらむ理事長の赤石

千衣子さんは、体力も気力も使い果たし、生活が成り立たなくなって子どもたちにも影響が及んでいる母子家庭に出会ってきた。

赤石さんは活動を続けた三〇年の間に、母子への社会の目線は変わったという。離婚が許容される範囲が広がり、「非婚ママ」への差別的な目も減ってきた。しかし、赤石さんは、シングルマザーの置かれる雇用情勢は以前より厳しくなっていると指摘する。

「女性の非正社員化が進み、収入は児童扶養手当を含めてもギリギリだ。寿退社であれ、妊娠解雇であれ、いちど離職してしまうとパートで年収八〇万円くらいから始めても、就労年収の全国平均は一八一万円である。最低賃金に一〇〜五〇円も上乗せされればいいほうで、東京でも時給八九〇〜九〇〇〇円のラインに張り付いてしまう。東北地方では月収が一〇万円を超えればいいというような状況だ。これでは、自分と子どもの健康も守れなくなる。

自分も病気になる、子どもが不登校になる、子どもが家出する、子どもに障がいがあるなど、さらに負荷がかかるとガラガラと生活が崩れてしまう。以前は四〜五年働けば正社員になる道も細いながらあったが、今では数カ月先の派遣契約が更新されるか心配しなければならない。教育費がかかりすぎることは、子どもの教育格差にも直結する」

前述の私立大学の職員は、母子家庭の学生が奨学金を申し込む様子を見ていて「どうも手元に生活費がない親が、子どもの奨学金で自転車操業しているのではないか」という勘が働く時があるという。ひとり親で自営業を営んでいたが、がくんと業績が落ちて学費を払えなくなっているケースもあった。収入が低く金融機関からは融資を受けづらく、奨学金や教育ローンで借金して補塡したいのではないかと感じた経験もある。母が病気になり生活保護を受け、大学進学のために奨学金を借りるが、学費を払えない学生もいるという。

毎年、奨学金を借りることができれば、学費は全額賄えるが、母親の年収が二〇〇～三〇〇万円。生活が困難なうえに母親が病気になって働けなくなり、バイトで家計を支えたら、勉強する時間がなくなり、成績が落ちて奨学金が借りられなくなってしまうケースもある。この私立大学では、学費を滞納した場合、四月から督促して九月が前期分の支払いの最終リミットとなる。そこで払えなければ「学費未納除籍」となり退学になる。一学年二五〇〇人のうち、毎年、一〇〇人近くが学費未納除籍となり、深刻だ。

前述の赤石さんは、「ひとり親家庭の貧困問題を解決するには、まずは現金給付つまり児童扶養手当の拡充が効果的だ。シングルマザーへの支援が必要だというと『勝手に離婚したのだから自己責任だ』といわれがち。一方で、子どもが食べるものもないというと共感を得られる現実があり、実際には戦略が必要だろう。児童扶養手当の増額と複数子加算は喫緊の課題となる。そして、継続した雇用の確保、大学進学費用の負担を軽くしなければ貧困の連鎖は止まらない。最低賃金を引き上げ、女性の賃金を時給一五〇〇円にするなど、底上げが必要ではないか」と憤る。

富山県富山市では、二〇一四年四月から「富山市福祉奨学金給付事業」を新たに設け、生活保護世帯の子どもや、児童養護施設に入っている子どもを対象に、給付金の奨学金を始めた。学費で年五〇万円以内、生活費に月四万円以内、入学準備のために三〇万円が給付される。こうした制度は少なく、今後の広がりが期待される。

ただ、根本的な問題は、女性の労働条件の悪さにある。『OECDジェンダー白書』(二〇一四年、明石書店)によると、多くのOECD加盟国では若い女性の賃金が男性に近づきつつあるが、女性は年齢とともに、そして出産の時に大きな賃金ペナルティ(wage penalty)に直面するとしている。二〇一〇年にデータが得られたOECD加盟国一六カ国では、男女の賃金格差は二五歳から二九歳にかけては約九%だったが、五五から五九歳では二四%だったという。

また同書では、女性が出産・育児をする間に経験する男女賃金格差の急拡大が示すのは、

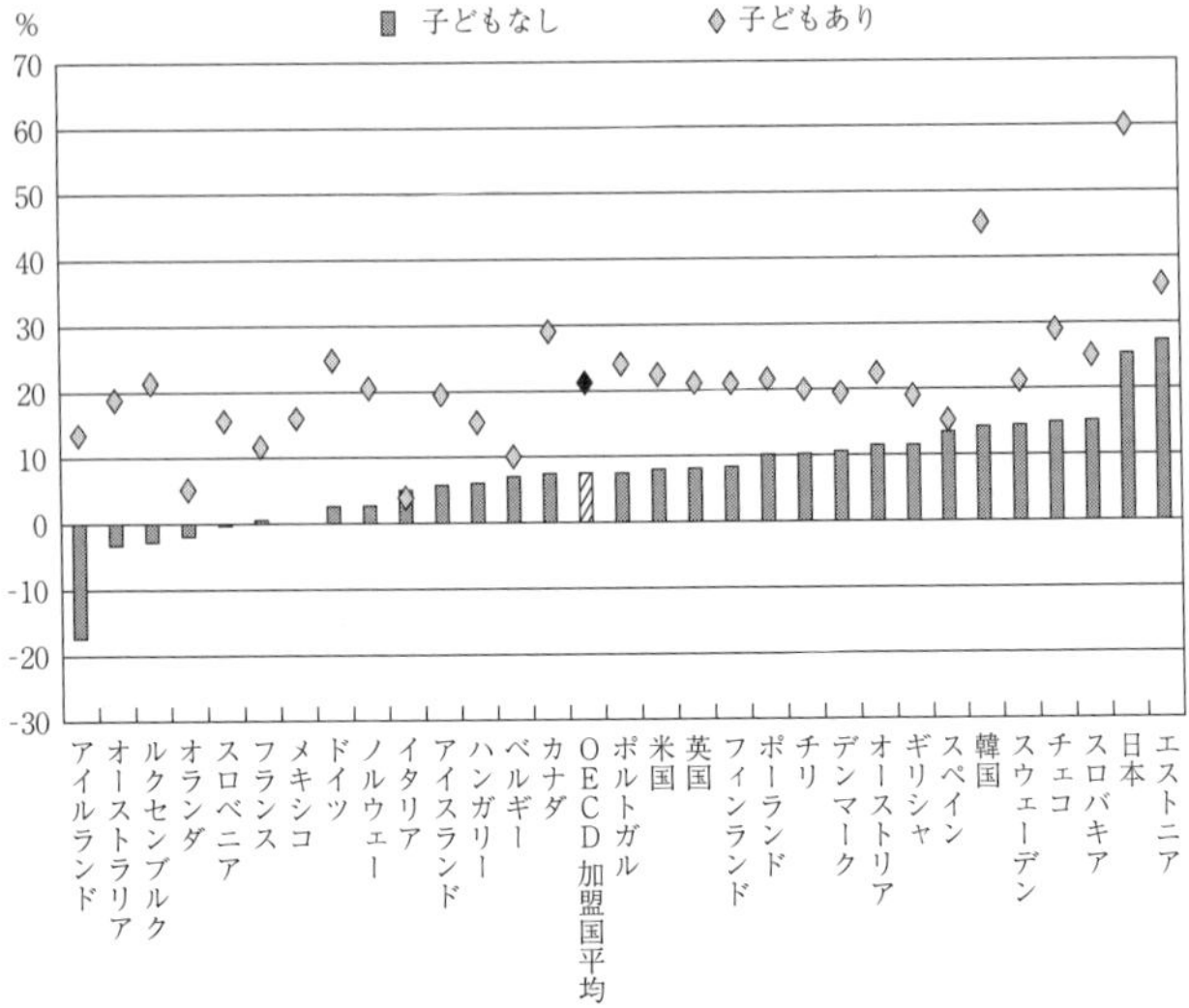


**図表9　子どもの有無による男女賃金格差（25〜44歳）**

出典：OECD（2012）「Closing the Gender Gap:AC+Now」
※2007〜2010年の諸資料にもとづくOECD事務局推計。子どもの定義は16歳未満。日本は2008年値。

いわゆる「母親ペナルティ（motherhood penalty）」の存在だと指摘している。フルタイムで働く妊娠・出産適齢期の女性の間では、子どもを持つ女性は持たない女性に比べて男性との賃金格差が大きくなる。出産による賃金ペナルティは平均一四％となっている。日本については、最も格差が大きくなり、子どもがいる場合の格差が六一％となる（図表9）。これでは、母子家庭が苦労するのは当たり前だ。

## †最低賃金の改善

日本の母子家庭の厳しい状況について、慶応義塾大学の樋口美雄教授は、「なかなか正社員として採用されにくいこともあり、また保育園の送り迎えなど労働時間の制約が強いため、ひとり親の多くがパート労働だ。パートの賃金をいかに上げるか、つまり最低賃金の引き上げが要になる。生活保護と最賃の逆転現象が二〇一四年一〇月の改訂でようやく解消されたが、日本の場合、正社員と非正社員の賃金格差が他国にまして大きいため、格差を縮小する政策が必要だ。それに加えて、能力開発や生産性向上の政策をセットで行うことが望ましい。仕事の質の高い在宅就労を増やすなど、働き方の自由度を高めたワーク・ライフ・バランスの取り組みが必要だ」と説く。

最賃の引き上げは二〇〇七年から行われているが、企業の抵抗感は根強い。関係者の話によると、二〇〇八年の時は、誰もが知るある大手メーカーのトップで日本経済団体連合会会長も務めていた人物が「最賃を引き上げれば、うちの傘下にある中小零細企業がみな、潰れる」と猛反対したという。特に地方では景気が厳しく最低賃金の水準に張り付いているところが多い。

樋口教授は「世界的にも製造業が停滞すると、人口規模のメリットが働きやすい第三次産業（サービス業）に集中しやすく、地方が厳しくなる。日本は東京一極で、地方がより厳しい。財政削減で地方は切り詰め、典型的な公共事業が行われている状況だ。本来は、付加価値の高い仕事への転換が求められているが、今まで大手企業は価格競争にとらわれ、賃金も低下したばかりか、研究開発までコストカットしたため、高付加価値の製品が少なくデフレスパイラルの原因にもなっている。競争力としては、世界的に日本は不利な状況だ。デフレのなか消費税が上がり、収入が多少上がったとしても実質の可処分所得は増えにくい」としており、子育て世代の賃金体系の見直しをすべきだと提案する。

全国労働組合総連合（全労連）では二〇一三年の春闘で、「親一人・子ども一人」世帯の最低生計費を参考にして世帯形成期以降の最低賃金ラインを考えるべきだとして、世帯形成期以降の男女の労働者に保障されるべき最低生計費の水準は年額四二〇万円、月額換算で三五万円、時給では二三三三円としている。母子家庭には本来、このくらいの賃金が必要だということだ。

母子家庭は貧困に陥りやすいが、それでも、児童扶養手当や奨学金制度を利用すれば、なんとか子どもを大学や専門学校まで進学させることはできる。しかし、それは、デフレが貧困の目隠しになっていたにすぎない。一〇〇円ショップに行けば、食料はもちろん生活必需品や嗜好品まで手に入る時代。それでなんとか生活が維持できているだけに過ぎない。ファストフードでも、一〇〇円のハンバーガーなら買えるが、三〇〇円だと買えないのが現状なのだ。そこへ消費税が上がり、円安で輸入に頼る原材料費が上がることで物価が上昇すれば打撃は大きい。賃金が上がらないなか、さらに物価が上がればたちまち生活が立ち行かなくなる。

満足いく賃金を払えないような企業ほど、シングルマザーだけでなく、小さな子どものいる女性全般を労働市場から退場させたがるが、むしろ、そのようなギリギリの経営しかできない企業が経済市場から退場したほうが良いのではないだろうかと、筆者は強く訴えたい。最終的に犠牲になるのが、国家の財産である子どもだからだ。

## †子どもと大人をつなぐ無料学習支援の場

東京都豊島区にあるＮＰＯ法人豊島子どもＷＡＫＵＷＡＫＵネットワークでは、地域の子どもを地域で見守ろうと活動をしている。主な活動として、三〇〇円で野菜中心の栄養バランスの良い夕食を提供する「要町あさやけ子ども食堂」（毎月第一、第三水曜の一七時三〇分〜一九時）や、「無料学習支援」（毎週水曜）を行っており、母子家庭の利用率が高い。

　筆者は無料学習支援の様子を取材するため、二〇一四年一〇月一五日、同NPO理事長の栗林知絵子さんと約束した一五時に「区民ひろば池袋」を訪れた。

　中を覗くと、小学校高学年の子どもたちが五、六人、二一畳ふた間の部屋を勢いよく飛び回っていた。雨のなか、自転車にカッパで到着した栗林さんは「こんにちは」と和室に入り、子どもたちを見るなり「ちょっとー！　大人は誰も来てないの？　もー、区民ひろばの使い方から教えないと！」と大きな声をあげながら、皆を見渡した。

　間もなくするとボランティアの男性たちが来て手際よく問題集のコピーを用意し、テーブルに並べ始めた。「手伝う」と何人かの子どもたちが寄っていく。そうかと思えば、少し離れたところで騒ぎ過ぎた男の子が、肘が抜けたと横になっている。栗林さんが様子を見にいき、保護者に連絡を取り始め、取材どころではなくなってきた。

「ねーねー、コップない？」と、しきりに聞く男の子がいた。自参した水筒のお茶を友人に分けてあげたいらしい。母子家庭の子だった。友達と二人で机に並んで、人気キャラクター「妖怪ウォッチ」のテーマソングを歌いながら宿題にとりかかった。初めて会う小学生が「君、どこの小学校？」と話しかけていた。小学六年生の外国人の男の子と話をすると「テレビを見ても面白くない。ひとりっ子だし。お母さんは仕事で遅い。遊ぶところもないし、今日は四時間授業で早く終わったからここへ来た」と教えてくれた。

栗林さんは「はい！　座って！　ここは勉強会をするためにお金を払って借りているんだよ。掛け算でつまずいて欲しくないから。ただ遊ぶところじゃないんだよ。鬼ごっこはしない、障子は破らない。最低限のルール決めたよね。ただ遊びたいなら大暴れしても怒られない体育館にいけばいいよ」と話し始めた。そのそばでは、大学院生が先ほどの男の子に日本語を一生懸命教えている。

「ケガするとお母さんが迎えにこないといけないでしょ。大学生がもっと来てくれて、一対一で教えてくれる雰囲気を作りたいのだけれど。みんな、ボランティアでお金も電車代も払わないで来て勉強を教えてくれるんだよ。中学校で他のみんなは塾に行くかもしれない。塾に行けなくてもここに来れば大学生が教えてくれるんだから」

そうしているうちに近所の年配の女性がおにぎりとポテトサラダをタッパーに詰めて持ってきて、子どもたちが食べ始めた。

## †六人に一人は相対的貧困

一六時頃になってやっと落ち着いてきて、栗林さんと話しをする余裕ができた。栗林さんは、部屋を見渡しながら「こういう中に確実に〝六人に一人〟の子がいる」と話し始めた。〝六人に一人〟とは、相対的貧困率にあたる子どもたちの割合を指す。

「皆、家で一人でテレビを見ているだけで、近くに遊び場がない。ここなら地域の人とつながることができる。顔も知っている仲だから、何か問題が起こっても家までいける。NPOの私たちが地域で子どもをつなぐ潤滑油の存在でありたい」と続けた。

無料学習支援には、「掛け算でつまずいて欲しくない」という栗林さんの強い想いがある。掛け算がわからなくなると、学校の授業についていけず、その時間を楽しく過ごすことができなくなる。ここでは、子どもが三〇～四〇人登録しており、ボランティアで地域の人や大学生など約一〇人がサポートに入っている。

そして、ここは子どもの居場所にもなっている。ただ、その子の背景には触れない。「ここを出たあとにつながるきっかけを作る。大学生に相談したりSOSのメールをしたり。本来、自然な関係作り。昔の地域のつながりを無料学習支援の場で作りたい」と栗林さんは願っている。都会にはシングルマザーが集まり、子どもは家でひとりきり。児童館が減り、学童保育にも行きたくない、家にも帰りたくないという居場所のない子どもたちは少なくない。

周囲は繁華街で女性でも高収入が得られるとシングルマザーが集まりやすい。そのなかには、就学援助の制度も知らない親もいる。

## †子どもの可能性を広げるネットワーク

無料学習支援を取材したのち、栗林さんと「要町あさやけ子ども食堂」へ向かった。母子家庭の子どもは、夜、ひとりで食事をすることが多い。また、コンビニの弁当やレトルトの食品などに偏りがちだ。ここは、一家団欒のような雰囲気で、子ども一人でも安心して集まり、わいわい話しながら食事する場を提供するために造られた。元パン屋の山田和夫さん宅の一軒家が食堂として使われている。三〇〇円と格安の値段で、野菜を中心にしたメニューのおかずが出る。

食堂に移動する途中、豆腐屋に小学生がいた。学習支援や食堂の常連らしい。「今日はママからお金もらって買い物をしてから食堂に行くところだった」とはしゃいでいた。その男の子は不登校で、母親が不安定なため一緒に暮らせない時期も経験しているという。そんなそぶりはまったく見せず、顔見知りのスタッフらと会話しながら愛嬌ある笑みを見せていた。食堂に着くと、母子家庭の何組かが食事をしに来ていた。「あー、来てたんだ」と、和気あいあいと食事しながら話が弾む。食卓を囲むようにして、隣では栗林さんに何か深刻な相談を始める母親もいた。

母ひとりではバーベキューや山登りに行きづらいため、同NPO法人では、野外活動も行っている。夏は河原で水遊びなどをするため、無料で連れ立っている。シングルマザーのおしゃべり会も開催しており、栗林さんは「孤立しがちなシングルマザーはつながるだけで気分が楽になる」と話す。二〇一四年一一月には「夜の児童館」をオープンした。毎週火曜の一六時から二〇時まで、豊島区内にある寺院「金剛院」で、宿題をしたり、遊んだり、手づくりの夕食を食べ、家庭的な時間を過ごす場を作っている。

栗林さんは、さまざまな母子家庭の悩みに直面する。高校受験の時に、母親から模擬試

「要町あさやけ子ども食堂」の食事

験は費用が高いからと受けさせてもらえない。部活に入りたくても、サッカー部や野球部は道具を揃えるお金がない。中学の部活はユニフォームやスパイクを揃えるだけで六万円かかるため、母親が野球部でなくて卓球か水泳部がいいと勧める傾向がある。

「お金がネックでその子の可能性を減らしてしまう現実をどうにかしたい」と、メーリングリスト（ＭＬ）で助けを求められるネットワークを作った。ＭＬは区民を中心に二〇〇人以上が登録。何か困ったことをメールで投稿すると、バックアップしてくれる人が見つかる。たとえば冷蔵庫がない家庭に中古の冷蔵庫をくれる人が現れた。子どもにとっても地域にとってもつながりが必要だ。その時々で負担にならない程度につながることができる。

栗林さんは、ＮＰＯ法人を作る前から日常的に子どもの支援活動をしてきた。「見えてきた子どもの貧困は深刻。昨日からごはんを食べていない、母がうつ病で心配」など、自然発生的に無理せずサポートしてきた。

二〇一四年一月には、子どもの貧困対策の推進に関する法律（子ども貧困対策法）が施行された。同年八月には子ども貧困対策の「大綱」が閣議決定され、貧困の連鎖を防ぐために、行政が動き出すことが期待される。

栗林さんも、この流れには期待をしているが一方で、「行政の無料学習支援は、当事者をピックアップする形になるため、同じ状況の子だけで学ぶことになり、『自分はここにくる環境で育っているんだ』と感じてしまい、大人が格差をつくっていることになる」と指摘する。そして、「ここは、勉強する子もしない子も、お金のあるなしの関係なく誰でも来ることができるようにしている。難しいけど挑戦したい。問題を抱える子でもそうでなくても、一緒に過ごし食べ、学ぶのが理想。そうはいっても、理想通りにはいかないけれど」と笑った。

### †母子家庭で育つということ

現実として、未成年がいる母子家庭の半数が貧困というなか、その貧困の連鎖を食い止めることが必要となるが、一方で、母子家庭で育ったということを不利に思わず、自分の力を発揮している人もいる。

第四章で紹介した、保育所やペアレンティングホーム（シングルマザーシェアハウス）を運営している石尾ひとみさんの息子、夏海さん（二三歳、一九九一年生まれ）は、「人生設計をするのに貧富の差はない。親がシングルマザーだから夢を叶えられないはずがないということを自分が体現したい」と語る。

両親が離婚したのは、物心がつく頃だった。その後の生活は決して楽な生活だったわけではない。自炊できるようになると、一週間五〇〇〇円の食費でやりくりし、節約できればその分が夏海さんの小遣いの一部になった。夏海さんは「貧乏な生活だとは思ったけれど、それはマイナスではなかった。一食、一食がありがたかった」と振り返る。

「母を支えなければ」。無意識に、そう思っていたかもしれない。

母親が手がけた保育所の事業は夏海さんが小学四年生の時に始まった。夏海さんは、本を持ち込んでは母の職場である保育所に出入りしていた。夏海さんにとっての保育所は、母の仕事というよりは、母と自分という二人の家族の仕事だった。

自分は母の仕事のなかにいたと夏海さんは言う。一緒に売り上げを数え、初めて一万円札が一〇〇枚になった時は、万歳をした。感謝されて稼ぐお金のありがたさが身に染みた。職場のなかで育ち、園児の親のたくさんの職業について知り、仕事のイメージを具体的にできるようになったことは友人よりもずっと恵まれていると確信している。

夏海さんの記憶にはないらしいが、石尾さんが言うには夏海さんが中学一年生の時、保育所の二月の行事「保育文化発表会」を一日手伝った。保育文化発表会とは、その一年、園児がどんなことができるようになったかを見せる会だ。保護者が皆、ありがとうと母にお礼を言っている。そんな和やかな雰囲気のなかで働く母の姿を見て「こういうの、いいな」と、つぶやいたという。

「一五歳になれば一人前。大学はモラトリアムだという人はいるけれど、それは時間とお金が無駄になる。手に職をつけて早く仕事をしたい」と、通信制の高校を選び、プールの監視、ウエイター、清掃会社、保育所の手伝いなどをして働いた。高校時代、アルバイトで稼いだお金は母に渡し、保育園の経営に役立てていた。月に約一〇万円。自分にとっても大切な居場所であり、子どもたちも幸せになる。身を粉にして働く母親を見てきたため、少しでも母を楽にできるなら、という思いだった。

中学二年の終わり、進路を決める頃に母の子宮頸がんが見つかった。母は二週間泣き続けた。当時四二歳。石尾さんは、「この子を育てることができない」と悔しさでいっぱいになった。食事の用意をしていても、電車に乗っていてもふと涙があふれたという。また、夏海さんは医師が簡単に「五年生存率が五〇％」と冷たく言ったことに反感を覚えていた。しかし、親子で本を読み漁り、東洋医学の力で治ると確信し、そのとおり手術をしないで治った。

その際、本で出会った鍼灸なら、患者に手で触れ強く温かい言葉をかけて信頼されるのではないか。知識を増やしたいと強烈な想いがこみあげた。この、母のがんの発見と治癒が、夏海さんにとっての転機となった。

思えば小学生の時に読んだ漫画『ブラック・ジャック』に影響を受け、医師に憧れた。自分の学んだことが直接結びつく仕事を選びたいと、母の仕事を見て考えた。ただ、医学部は学費がかかりすぎる。現実的な道を考え、鍼灸師になろうと専門学校に入った。

中学生の時は、学校に行く意味を感じられず、不登校だったため、成績表は一か二ばかり。石尾さんも無理には学校に行かせず見守った。所見には「まず授業に出てください」と書かれたが、専門学校では無遅刻無欠席。テストはほぼ満点で、二年生のうちに三年生の分まで勉強が進んだ。鍼灸師の免許をとって間もない二〇一四年六月、鍼灸院を開業した。今でも夕方は保育所で英語を教えている。鍼灸には針を刺さないものもあり、ベビーマッサージもできる。夜泣き、疳の虫は背中がこわばっていることが多く、それがとれる技術もあるため、保育所でも親子に鍼灸ができるかもしれない。鍼灸師には経済的にも成功している人も多く、将来に向け、希望に満ちている。

ただ、医学部に入れなかったことを悩み続けていた。気持ちがクリアできず、悩んだまま終わるのは嫌だと考えていた時に、雑誌を開くと、ヨーロッパで医師免許を取得すれば、医学部に行かなくても日本の医師免許の国家試験を受けられることを知った。今、夏海さんは、その方法で医師になれないかと本気で考えている。

## †一人でも育てられるキャリアづくり

人材派遣大手のパソナグループの取締役常務執行役員の仲瀬裕子さん（四〇代）は、社内では史上最年少で、執行役員、常務執行役員、取締役常務執行役員となり、華やかなキャリアを築き上げている。

現在は、パソナグループ取締役常務執行役員CFOに就任しており、生え抜きの女性のCFOは東証一部企業では仲瀬さん一人とも言われている。上場企業三六〇八社の役員等四万一九七三人のうち女性はたった五一五人で、その割合はわずか一・二％にとどまる（内閣府「男女共同参画白書」二〇一一年度）。

「役員は、憧れられる存在でなければならない」と、仲瀬さんは常に身だしなみを上品に整えて、姉御肌で皆を引っ張っている。いわゆる母子家庭で育ったという雰囲気はまるでない。

仲瀬さんにとって忘れもしない中学一年生の運動会の日、父の入院する病院から呼び出しがかかり、命の危険を知らされた。父親は仲瀬さんが小学五、六年生の頃から入退院を繰り返していた。母親は看護師で、余命も宣告されていただろうが、仲瀬さんと二歳年下の妹は良性の腫瘍と聞かされていた。

その日、母親の説得を押し切って登校した。どこかで信じたくなかったのかもしれない。所属していたチアガールのチームで運動会の応援をするはずだったが、結局、引き返して病院に向かった。翌日、父親は亡くなった。当時、五〇歳。肺がんだった。父親がヘビースモーカーだったことが気にかかり、仲瀬さんは大人になってからは、タバコを吸わない人を選んで交際した。喫煙している人と付き合うと、また悲しい思いをするような気がしたからだ。

母親は、仲瀬さんと妹を保育所に預けて働いていた。姉妹が幼い頃は夜勤のないクリニックで働き、小学生になると病院でフルタイムで働いていた。夜勤の日は、二人で留守番した。師長になった母は、誰かが急に休むと代わりに勤務していたため、家にいないこともしばしば。深夜二時頃に帰宅したり、日勤が終わってそのまま数時間後に深夜勤が続くようなシフトの時は、空いた時間に急いで家に戻って夕食を作っては、また出勤した。

父親が亡くなると、仲瀬さんは「長女だから頑張りなさい」と言われることが多くなった。妹は母親っ子で甘えん坊。仲瀬さんは、家庭内では父親役になった。父がいなくなってから妹は寂しかったらしく、おやつの置き場を知っていても母親に電話して「おやつどこにあるの」と聞いていたことが最近になって分かった。

学生時代から、仲瀬さんは「結婚して自分に子どもができて、たとえ夫がなくなっても大学まで出せるよう働こう」と漠然と考えていた。母親が専門職の看護師でなければ経済的に困り、違う人生になっていたかもしれない。「就職するなら女性が輝くことができる企業、長く働くことができるところ」と決め、テンポラリーセンター（パソナグループの当時の社名）に就職した。

入社後は、人事部の教育研修の仕事を希望していたが、東京の営業部へ思わぬ配属となり、実家のある京都を離れ、東京で初の一人暮らしを始めることとなった。母親は反対するかと思ったが、賛成してくれた。営業部で二年間、人材派遣の営業を担当した後、予期せぬ人事で広報室へ異動となった。

「もともと上昇志向があったわけではない。望んで配属された部署でなくても、どんな仕事も断ったことがない。すべて『わかりました』と引き受けてきた。広報にいた頃は、ちょうど働き方やキャリアアップについてフォーカスされるようになり、次々と課題が出ては任され、それが楽しくもあった。学生の時にキャリアを見通すことはできない。ある意味、流されても、結果オーライということもある」と、謙虚だ。

母親は七〇代半ばになる。父親が亡くなってから自動車運転免許を取り、社交ダンスを始め、卓球などを楽しみ、自分の人生を謳歌している。これまで、片働きでも家のローンを払い、姉妹二人を私立の大学に出してくれ、強く子ども二人を育てられたのは、ずっと働いていたからだと、仲瀬さんは強く感じている。

「母を見て分かったのは、途切れることなく働き続けることが大事だということ。夫という存在は、いついなくなるかもわからないので、そこに頼りきらずに女性も働き続けなくては」と、仲瀬さんは女性が真に輝くことができる雇用創出のために力を入れている。

## †女性の就業に力を入れる企業の声

視野が広く、長い目で企業の利益を考える経営者や管理職は、必ずといっていいほど、女性の就業継続に力を入れている。

ある外資系ＩＴ企業の社長が「本来なら取材はウエルカム。ただ、グループ全体でリストラクチャリングがあるため、どうなるかわからないので」という理由で、匿名を前提に取材を受けてくれた。

その社長は、「シングルマザーはおしなべて時間の管理にシビア。お迎えに行くのは基本的には自分ひとりという状況のため、お迎えの時間から逆算して仕事を終わらせようと必死になる。そうした姿を見ている他の社員は良い影響を受け、時間管理の啓蒙効果がある。時間に貴重な価値を感じているシングルマザーは、まさに成果主義の外資系の職場では適している存在だ」と断言する。

外資系企業のため、英語を使う場面が多い。レジメ作り、プレゼンテーション、会議などハードルを高くした時に残るのはほぼ女性だという。企画も八〜九割が女性社員の作ったものが通る。同社長は「男性より女性のほうが、結婚や出産を視野に入れて五年後、一〇年後を見ながらキャリアを形成していこうとし、実際、そうしたライフイベントがあるとキャリアアップの障壁が高いため、そうしたハンディキャップのない男性とはバックグラウンドが違って優秀な人材が多い」と話す。

同社長は、以前は外資系大手銀行の中枢にいた。

「米国などで企業が合併した場合、半年から一年かけて人的交流に時間と費用をかけて、人の融合や企業文化の擦り合わせを行っていく。ゴルフやボーリング、バーベキューなど地道ではあるが、頻繁に行っている。それだけ人という財産に価値を見出しているからだ。日本の場合、人は財産と表向き言っているだけで、実際に人事が考えていることは金勘定と保身のみ」と、日本の企業体質に呆れ顔だ。

小回りの効く企業規模であれば部や課の単位でファミリーイベントを積極的に行うことで、社員同士の理解が深まると指摘する。実際、同社では、休みの日を利用して、社長のポケットマネーで家族ぐるみのイベントを行っている。母子家庭にとって小学校の父親参観日は辛いもの。同社のシングルマザーの上司が父親代わりに授業参観に出るような人間関係の良さが構築されるなど、まさに家族的だ。

## †求人サイトも動き出している

探してゆけば、「シングルマザー歓迎」という職場は増えているようだ。インターネットの求人サイト「ルルナビ」を運営するＴｏｕｃｈ＆Ｌ・ｉｎｋｓ。「シングルマザーの働き方が良くなれば、女性そのものの働き方が、もっといえば、社会全体の働き方がよくなるはずだ」と、二〇代と若くして取締役の秋山晴美さんがサイト開設に奔走し、二〇一四年八月のオープンにこぎつけた。

「シングルマザーを歓迎するという企業は予想より多かった」と、秋山さんは営業の手ごたえを感じている。二〇一五年二月末の時点で求人情報を寄せている中小企業は一二〇社を超えた。そのうち、約七割がシングルマザー歓迎と打ち出している。求人は毎月二〇社ほど増え続けている。タクシー会社や飲食店、ＩＴ企業、学習塾などが求人を出している。二〇一四年八月には、横浜市で「Ｍｉｓｓ＆ママイベント――シングルマザーと企業をつなぐ就職イベント」を行うなど、注目を浴びている。

サイトを利用する女性には二〇～三〇代が多く、正社員を希望する割合が高い。九～一八時頃の間の就労で、一般事務を第一希望にする傾向がある。

「ルルナビに載っているから安心だと、口コミで広がるような営業活動をしたい」と、秋山さんは日々、地道な営業活動を続けている。

厚生労働省も、「はたらく母子家庭・父子家庭応援企業表彰」を行っており、介護施設や病院など数社が賞を受けている。ひとり親の雇用状況は全体として厳しいものの、企業の理解や行政支援は広がりつつある。

## †ひとり親の在宅就業支援

シングルマザーの就労支援の一つ、在宅ワークもワーク・ライフ・バランスを実現するひとつの方法となり、就業支援が行われている。

伊藤佐代子さん（仮名、三六歳）は、自治体の在宅ワークの支援を受け、現在は派遣社員として働きながら在宅ワークも行っている。

都内で生まれ育った伊藤さんは料理専門学校を卒業して都心のイタリアンの創作レストランで働いていたが、結婚し、妊娠すると悪阻がひどくなり仕事を辞めた。その後、子どもが一歳になり、いざ職場復帰しようと思うと保育所が見つからなかった。そのため、一時保育に預け、元の職場が繁忙期の時には手伝うようになった。夫の収入は月三二万円。手取りでも二七万円あったため、伊藤さんが働かなくても生活はできたが「自分の小遣いは自分で稼ぎたい」と、子どもが寝ている間の早朝、近所のコンビニで二時間だけアルバイトもした。

夫は健康そのものだったが、体調が優れないと病院に行き血液検査を受けると白血病であることがわかった。翌日から入院となり、治療が始まったが、八カ月後、まだ三八歳という若さで亡くなった。子どもが二歳になる直前の出来事だった。

ひとり親になっての家賃の負担は大きい。夫の両親も突然の息子の死にショックを受けていたため、夫の実家に娘と移り住み、しばらくしてから自分の実家の近くに引っ越した。実家の両親が「もしもの時に困らないように」と、東京に隣接する神奈川県内に2DKの中古マンションを購入してくれて、月々六万円の家賃を払って暮らしている。

月収は、遺族年金が一一万円、児童手当が一万円、自治体から出る、ひとり親への福祉手当が三〇〇〇円。すぐに子どもを保育所に入れて働きたかったが、「今、働いていない状況では申し込んでもダメだろう」と、家で子ども服を作ってインターネットで販売を始めた。

一着二〇〇〇〜六〇〇〇円で売れ、冬場は月一七万円もの収入になったが、夏はまったく服が売れない。収入の差が激しく、不安定さに疲れて、「これは外できちんと働かないといけない」と、保育所の申し込みを本格的に準備すると、自営業でも申請できることに気づき、すぐに書類を整えると、すんなりと保育所が決まった。

洋服のネット販売をしていると、「マックのパソコンは使えるけれど、ウィンドウズを使ったことがないからワードもエクセルもわからない」と、パソコンを勉強する必要性を感じはじめた時にちょうど、自治体の広報誌で「ひとり親家庭在宅就業支援」事業の案内を見て、受講した。

## ✝生活にみあったダブルワーク

その講座は、自治体からパソナテックが委託を受けて、開かれている。二〇歳未満の子どもがいるひとり親を対象に、ビジネススキルの講習やパソコンの基礎や応用の講座が受けられる。期間は一四カ月。おおむね一日三時間、月五四時間以上で基礎訓練が行われ、その後、一〇カ月ほど応用訓練が実施される。応用訓練では自宅での業務が開始され、受託企業から仕事の依頼が来るようになる。就業支援の期間中、基礎訓練の間は月額五万円の手当が、応用訓練の間は月額二万五〇〇〇円の手当と実務に対する報酬が得られる仕組みだ。

伊藤さんは、「同じ立場の人と出会えるし、補助金も入るなら一石三鳥ではないか」と、講習に励んだ。訓練が進むと、仕事の依頼が来た。住所入力、テープ起こしや、ウエブマーケティングなど単純作業が主なものだった。一件何秒かかると教えてくれるため、かかる時間と単価を計算して、時給で八〇〇円以上になれば受けた。

パソコンのスキルも身につけ、自信がついたところで「そろそろ外に出ても大丈夫だろう」と、仕事を探した。新聞の折り込み広告にあった求人情報で地元の派遣会社で、時給一三〇〇円、三カ月更新の条件で化粧品会社の仕事を見つけた。就業時間は八時三〇分から一七時三〇分までで残業はない。土日は休みだ。

在宅の仕事だけでは収入が不安定になりがちだが、「子どもといる時間を大切にしたい。派遣で時間きっちり働いて、子どもが寝てから在宅の仕事をするとプラスの収入になる。残業できない分を在宅ワークで補えて、自分で融通をつけられる」と前向きだ。派遣の収入が月一四〜一五万円に在宅ワークは月一万円くらい。遺族年金は子どもの将来のために使わず貯蓄に回している。

伊藤さんは、「今の働き方が子育てするのにちょうどいい」と、正社員の職を探すか迷っている。もうすぐ娘は小学生。帰宅する時間が早くなるため、もう少し子どもと一緒にいる時間を増やしてあげたい。「なんとか、一五時で終わる仕事に就けないだろうか」。派遣会社に尋ねたが、答えはノーだった。

「子育ては今しかない。あとで本当は寂しかったと言われないよう、なるべく一緒にいてあげたい」

在宅の比重を多くして、他はパートで勤務するか、子ども服の販売を拡大すればいいのだろうか。正社員を目指したいところだが、正社員には残業がつきもの。いったん就職すれば簡単に辞めたくはない。しかし、正社員になるなら、年齢的に今がラストチャンスかもしれない。悩んでもなかなか答えがでないが、「パソコンが使えるようになって少なからず選択肢ができて良かった」と感じている。

## †インターンシップの可能性

直接のシングルマザー支援というわけではないが、ブランクのある主婦層や子育てで時間に制約のある女性のための通称「ママインターンシップ」が注目されている。

経済産業省中小企業庁は、二〇一三年度、二〇一四年度に「中小企業新戦力発掘プロジェクト」を実施した。通称「主婦インターンシップ」「ママインターンシップ」といわれ、育児や介護などでいったん離職した主婦層を対象に、中小企業などでインターンシップを通してブランクを埋め、再就職を支援した。実習生には日額五〇〇〇〜七〇〇〇円が国から支払われ、実習は一日四時間、週三日から都合の良い時間帯を選択でき、二週間から最大三カ月実施された。

委託を受けた六社の人材会社が間に入り、受け入れ企業を開拓してインターンシップを希望する人に実習先を紹介。間にコーディネーターとして入るため、実習生はカウンセリングなども受けられる。実習参加者は保育所入所の申込みも可能だ。二〇一三年度は約三二五〇人が実習に参加し、約五割が就職に結びついた。

委託を受けた企業のひとつパソナの「ママインターンシップ」広報担当の蒲生智会さんは、「ママに情報を届けるにも一苦労」と語る。広告を信用しない傾向のある主婦層は、信頼している人からの口コミで動くことが多いことから、「草の根」活動をして、子育て中の女性が集まるような小さな会を見つけては顔を出して説明の場を求めた。

企業開拓も簡単ではなかった。もともと、主婦と中小企業のマッチングは、パソナをはじめ、どの企業にとっても容易ではない。蒲生さんはCSRに熱心な企業とつながりを持ち、紹介してもらっては企業を開拓。地元中小零細企業と取引の多い信用組合・金庫などが開く異業種交流会などにも積極参加した。

インターンシップに参加する母親は、子どもが小学生や中学生の三〇～四〇代が多い。蒲生さんは「PTAなどでいろいろな人を束ねる経験があれば、仕事の経験が少なくても社会経験として十分に仕事に活かせると評価する中小企業もある。育児期間に培った強みは、並行して複数のことをする力、優先順位をつけて時間内に終わらせる力があること。残業ができないことは不利にはならない。妊娠や出産、子育てで、就業継続が困難ななかで、離職や転職してもやり直しが効く流れをつくりたい」と後押しする。

## †能力を発揮できる環境へ

西谷順子さん（四六歳）は、有名アパレル会社で一七年間、広報を担当していた。第一子を出産した時は融通を利かせて働くことができたが、二人目が生まれた時には社内の体制が変わり、子育てしながら続けることが難しくなった。自営業の夫は業務を拡大しているところ。実家も頼れない。仕事を仕事と思わないほど好きで楽しかったが、二人の子どもを育てながら働く環境が整わず、辞めざるを得なかった。

子どもが小学四年生と二年生になり、進学する際の費用が気になりだした。同時に、家のなかにいる母の背中しか見せていないことにも疑問を感じはじめ、アパレル専門の転職サイトを見て書類を送ったが、週三日や短時間の勤務では採用はされなかった。面接で落とされるうち「本当に私は役に立つのだろうか」という危機感をもった。完全なブランクは三年程度だったが、コピー機の使い方ひとつとっても自信をなくしていた。そのような時、情報誌で「中小企業新戦力発掘プロジェクト」を知り、「研修できるなら、やれるかもしれない。しかも日当も出る」と二〇一四年度のインターンシップに応募した。

アパレルの広報が希望だったが、紹介されたオフィスサニー（東京都荒川区）の商品をインターネットで見るうち、「この商品なら販売職でもいい」と、チャレンジすることを決めた。自宅の最寄り駅から四〇～五〇分かかり、会社は駅から少し離れている。片道一時間はかかり、「研修がなければ、最初から通えないと判断して、この会社と出会えなかっただろう」と振り返る。

西谷さんの実習先、オフィスサニーは、紙雑貨製品の開発・製造・販売、企画やデザインを含む印刷業全般を行っている。髙橋淳一社長の父親の代から続く〝写植屋〟だった。夫婦二人と三〇～四〇代のパート社員が二人、正社員が一人の零細企業だ。髙橋社長は「印刷業は受注産業で限界がある」と、デザインから印刷まで行っている強みを生かして、ブックカバーを作る事業を始めた。二〇一二年に紙の雑貨ショップ「plus Orange」ブランドを展開。同社の特殊な印刷加工技術で、伝統工芸のひとつ、漆で模様を描く「印伝」を模した「印傳《いんでん》のような紙のブックカバー」や、「革のような紙のブックカバー」などを手掛けている。

三省堂神保町本店で、印傳仕様の表紙と裏表紙、罫線を選んでオリジナルのノートを作るサービスを始め、そこに配置する人材を雇おうとしていた時に、髙橋社長はパソナの営業担当者と出会い、ママインターンシップの制度を知った。

研修が始まると、東京ビッグサイトで行われる第七七回東京インターナショナルギフトショーに向けて西谷さんがプレスリリースを作り、取材の準備も行った。西谷さんはディスプレイの提案もし、商談にも同行した。かつての経験を思い出し、どんな資料が必要か社長らと意見を交わすことができた。

髙橋社長の妻でオフィスサニー取締役の晶子さんは、「彼女は、時短で働けるのは販売職だろうと広報を諦めていた感じがあったが、向上心が高く、販売職に留まるのはもったいない。大きな可能性を持っている人材で、当社でスキルを活かして欲しい」と話し、「私たちにない広報のスキルを持っている。今まで片手間にしかできなかった広報宣伝活動を任せられて安心だ。仕事の集中力があり、任せるほど力を発揮する」と高く評価している。聞き上手で顧客のニーズ、好みをよく引き出すことのできる西谷さんの仕事ぶりを見て、髙橋夫妻の心は決まった。髙橋社長が「広報職を作る」と提案すると、西谷さんは「喜んで」と引き受けた。

## †必要とされる喜び

西谷さんが前に勤めていたアパレル会社では、ブランドが人気を集め一世風靡した時代があった。西谷さん自身、広報をしながら商品企画の提案もして、その仕掛けがヒットしたこともあった。「また、あの経験ができる」予感がしている。企業が大きくなるライブ感。研修中に行われたギフトショーで「この商品はもっと伸びる」という手ごたえを感じ、企業が成長していく過程に立ち会えると思うと胸が躍った。

高橋社長も「業務拡大を狙っている。今、当社の年間売上高は四〇〇〇万円だが、二〇一七年頃には六億円に拡大したいと考えている。技術についても特許を申請中だ」と意気込む。同社がギフトショー後もさまざまな見本市に出展すると、社員が皆、まだまだビジネスチャンスは無限に広がっていると感じたという。高橋社長は「自分たちがメーカーになりつつあり、小さな会社が大きなことに挑戦している。これを西谷さんの広報の力で世に広めてもらいたい」と語る。

西谷さんも「必要とされている実感がもてることが何より嬉しい。社会に必要とされているかもしれないと思えるのとそうでないのは雲泥の差。対価が得られる喜びは心の安定をもたらしてくれる。やりたい仕事ができ、感謝の気持ちでいっぱいだ」と目を輝かす。

一日四時間という勤務時間であれば、子どもと話し、家事をする時間も確保できる。中学生になるくらいまでは、一日四時間、週三日がちょうどいいと感じている。

晶子さんも、「子どもがいることを社会的ハンディとは思わない。子育てしながら仕事する女性を応援したい。時間を決めて集中してもらえればいい。夏休みも子どもを連れてきちゃえば」と、気さくだ。取材中、話をしていると、パート社員の子どもが「ただいまー」と〝帰って〟きた。高橋夫妻も、三人の子どもを育てている。もう中高生だが、幼い頃、繁忙期には急な熱を出して、おぶって印刷機を回したこともあるという。取材中、一四時になると、西谷さんが「あ、来週の金曜はＰＴＡがあって（休みます）」と笑って報告し、社長らが快諾する。

インターンは何カ月か一緒に働き、見極められることが大きなメリットがある。期間が長かったからこそ、髙橋夫妻は西谷さんのスキルを見いだせたのだろう。髙橋社長は「もし今後も事業が拡大して採用をするなら、またこの制度を使ってみたい」と話している。

西谷さんは、三カ月の研修を経て二〇一四年三月からパート社員になった。おおむね週三～四日、一〇時から一四時半頃まで働いている。当面はパート勤務だが、会社側も西谷さんも、「ゆくゆくは正社員に」と考えている。

## †働きやすい職場をつくれる

「シングルマザーのための寮を完備して、介護業界にアドバルーンを上げたい」

介護施設を運営する社会福祉法人合掌苑（東京都町田市）の森一成理事長は、意気込む。森理事長は、「町田市は介護の激戦区で利用者の伸び率が高い。一方で若い人が減り、採用が難しくなっている。周辺では介護職の配置基準を満たす人材を確保できずに空きベッド状態の施設も多い。採用の幅を広げないと人は雇えない」と、小さな子どものいる女性、とりわけシングルマザーの採用に意欲を見せている。

離職率の高い介護業界では、女性労働者が多く、妊娠や出産を機に辞めるケースも多い。同法人では、妊娠中や子育て中の職員が辞めないよう、ワーク・ライフ・バランスに取り組んでいる。この業界では、働き続けるにあたってネックとなるのが夜勤だ。三年ほど前から、正職員が夜勤をしなくてすむように、夜勤専従者を雇う準備が始まった。そして、育児中は短時間勤務を実施しやすくするための働き方を考えはじめた。

その素地作りが正職員の月給制を廃止して時給制にし、「時給月給」制度を作ることだった。その経緯を森理事長はこう説明する。

「二月は二八日あり、五月は三一日あるため、総労働時間が変わってくる。すると、欠勤控除額が変わり、残業したり育児短時間勤務制度をとったりすると経理などの事務が煩雑になる。労務管理が複雑になるうえ、時間当たりの賃金が月によって変わるため、多くの法人で〝時短をとると面倒だ。だったら辞めてもらったほうがいい〟となってしまうのではないか。そこを解決すれば、事務側もバックアップしやすくなるはず」

欠勤控除とは、「ノーワーク・ノーペイ」の考えに基づいて、労働時間が短くなった分は時間給当たりで差し引くことを指し、一般的に育児や介護などを理由に休んだ社員に対する職場の不公平感をなくすためのものである。同法人の場合、二〇〇八年四月から「時給月給」制度を取り入れ、それまでの月給の一二カ月分を二〇八八時間(一年の勤務時間、有給含む)で割り、時給単価に実働時間を掛け算することで給与計算をする方針に変更した。

月給制から時給月給制に変えた時には「自分たちはパートになるのか」と正職員から懸念の声が挙がったが、始めてみると月収の額が変わらず、休みたい職員が気兼ねなく休みをとれるようになったため、職員は納得したという。それ以降、職員がタイムカードをきちんと押すようになり、時間通りに仕事を済ませて帰る母親の気持ちがわかるようになってきぱきと仕事を済ませるなど社員自らの時間の管理がうまくなるという副産物まで生まれた。

育児短時間勤務制度を利用する場合、職場のなかで話し合い、週三〇時間以上の就労をベースにして働き方を決めることができる。多くは一日六時間勤務となるが、一日八時間を週四日、などでも良い。時給月給のため、本人の給与計算も簡単になる。育児短時間制度は法定通り三歳までとることができる。加えて、「短時間正職員」制度も設けており、それはいつでも利用可能だ。

新しい給与制度を取り入れたあとで、夜勤専従者を二〇一二年から徐々に雇い入れた。必要な夜勤人員に近い人数が揃えるよう採用活動を行っている。夜勤専従者は、週のうち三日働き四日休む。多くの職場では妊婦が夜勤できないとなると嫌なムードが流れて辞めてしまうことが多いが、そもそも妊産婦でなくても正職員が夜勤をしないで働くことができれば、夜勤のために辞めることがなくなる。

妊婦が働きやすいよう、森理事長は「電話一本でも優しく」と繰り返し注意してきた。妊娠中、子育て中の職員から「今日休みます」という電話が来た時に、受けた人の口調が優しくないと「あ、迷惑をかけてしまった」と思い込んで辞めてしまうからだ。

そして、森理事長は「職場が仲良くないとうまくいかない」と、「サンクスカード」制度を導入した。専用の小さなメモ用紙を配り、例えば、ガラス窓を拭いてくれていた、机にお菓子を置いておいてくれた、など日常のなかのちょっとした気遣いに対してお礼をメモに書いて、スタッフステーションの壁に下げてある個々の名の書いてあるポケットに入れておく。サンクスカードを一〇枚書くとシール一枚がもらえ、そのシールが一〇枚集まると一〇〇〇円のクオカードが支給される。正職員はボーナスのポイントになりプラス評価される。ほか、「ポイントシール」をもらえる仕組みもあり、勉強会への参加、出勤日以外の臨時出勤についてなどが正職員だけでなく準職員・非常勤職員にもポイント化され評価につながっている。待遇に反映されるため、職員はエプロンのポケットにカードを忍ばせ、気づいた時に書く習慣がつき、職員同士の雰囲気が良くなっていった。

また、一八〜二〇時の二時間を使って定期的に職場で「コンパ」と称した交流会を行う。仕事の話をじっくり話す機会にもなり、普段話す機会のない社員と話をするきっかけができるなど人間関係を作るのが狙いだ。職場に何か改善点を求め合う時に対立的になるのではなく、そうした場で自然な形で提案でき、思いやりと感謝でつながることが重要だと森理事長は考えている。

現在、法人には全体で正規・非正規を含む約六〇〇人の職員が働いている。正職員の平均年齢は約三七歳で、出産を望む女性の職員も多い。産前休暇は法定では六週だが、同法人では八週とれ、すべての期間が有給となっている。育児休業中でもメールを見ることができるようになっており、職場とのつながりや情報も交換できるようにした。職場復帰後のバックアップも手厚く、子どもの看護休暇も法定では就学前までだが、ここでは小学六年生まで取ることができ、年間八〇時間分が有給だ。

### †出産・育児をフォローする仕組み

実際に、妊娠・出産を経験して子育て中の介護職員に話を聞いた。介護職員の水津真弓さん（三三歳）は、二〇一〇年四月から中途採用され、同法人で働くようになってから二人の子どもを出産し働き続けている。

専門学校を卒業し、別の介護施設で働いていたが、結婚して引っ越し、退職した。その後、再就職しようとした際、子どもが欲しいと考えていた水津さんは、面接で正直に言うと、「うちでは出産したい人は受け入れられない」「この先、休みは約束できない」と不採用となった。介護の仕事は、寝たきりの高齢者を抱えるなど、妊婦にとって優しくない仕事内容もある。不安が募った。

そんななか、託児室のある施設をインターネットで検索してみると、合掌苑がヒットした。面接を受けると理事長から「うちは出産のシステムが整っている」と暖かい言葉をかけられ、就職が決まった。入職して一年後、子どもが授かるとすぐに業務の負担が軽減され、産休に入るまで配慮された。

他の法人で働く友人は多くが妊娠すると辞めさせられていたが、水津さんは、身体介助など体に負荷のかかる業務は外され、軽い散歩やレクレーション、食事やトイレの介助、食器洗い、洗濯など介護以外の周辺の業務を任された。同僚も気遣ってくれ、なんの妊娠異常も起こさず出産を迎えた。周囲の協力がなければ出産も育児もできないと痛感した。

約一年の育児休業をとって二〇一三年四月に職場復帰した。すると、思いがけず、すぐに二人目の妊娠が分かった。「これは顔向けできない」と、思わず大粒の涙があふれ出てしまった。上司は、「そんな、泣くようなことではない。おめでたいのだから」と励ましてくれた。再び業務は軽減され、二〇一三年一二月に第二子を出産した。

二人の子どもがいると、かわるがわる風邪をひき、胃腸炎にかかるなど目まぐるしい。

そのたびに休まなければならなかったが「ゆっくり休んでください」と皆が暖かい。水津さんは「誰ひとりとして意地悪な人がいないことが不思議なくらいだ」と驚きを隠せない。

今、水津さんが担当する利用者は三〇人のうち自立して歩くことができる人が二人しかいない。何か言いたくてもいえない人が多い。表情やその日の様子から「あ、今日はちょっと様子が違う」と察し、看護師に連絡するとすぐ入院となったりすることがある。

「毎日見ているといつもと違う変化がわかる。同じ職場で長く続け、その人を見ているからこそわかる。パートの職員にも子どもがいる人が多く、子育てとの両立に理解があり、働き続けるうえで大きな後押しとなっている」（水津さん）

水津さんの夫は帰りが遅く、二三時を回ることも多い。実家は遠くて頼れない。水津さんも家計を支えるために働かなくてはならない。今、時短をとって八時から一六時まで働いているが、ご飯を食べ、お風呂に入れて寝かしつけ、翌日の準備をしているうちに、あっというまに〇時になる。下の子が三歳になるまで時短をとる予定だ。

## †弱いものを守る社会へ

八年程前から同法人では、独自に託児所も用意している。平日は原則一六時から二〇時まで運営している。日曜や祝日は八時から二〇時まで。未就学児だけでなく、小学六年生まで利用できる。職員の七割は近隣に住んでいて、普段は地域の保育所に預けているため、遅番の時などは、託児所のスタッフが各保育所にお迎えにいく。利用料金は食事代以外は無料だ。

「一般的な企業内託児は一八時頃まで遅番に対応できない。預けられる子どもも三〜四人では可哀想だ。多くの人が使えるようにしたことで、常に一五人前後の子どもがいる」（森理事長）

厚生労働省は企業内託児所に補助金を出しているが、就学前の乳幼児に限定されており、それでは小学生が使えなくなってしまうため、使い勝手が悪い。費用はすべて独自に捻出している。こうしたバックアップがあるため、同法人で辞めずに女性職員が二人くらい子どもを出産することは当たり前だという。四人の子どもに恵まれた職員もいる。「人口の半分は女性。管理職やトップにもっと多くの女性が就くべきだ」と森理事長は常々感じ、その前提には、妊娠や出産、育児で辞めない体制作りが不可欠だと環境整備に励んでいる。

介護施設では、早番（七時〜一六時）、日勤（八時三〇分〜一七時三〇分）、遅番（一二時〜二一時）、夜勤（二一時〜翌七時）のシフトがある。遅番の時は託児室が使える。デイケアの職場が八時三〇分から一七時三〇分までという職場もあり、働く時間を相談するなかで職場の異動を相談することもできる。

管理職を除いた正職員の平均年収は、約四〇九万円（残業代も含む）。売り上げのうち内部留保は必要最低限に抑えて、人材に資本を投入している。ほぼ年功序列で、「生活するうえで年齢によって必要な金額は違う」という考えから、中途入職でも年齢に応じて賃金を加算している。職員同士が結婚すると世帯年収は八〇〇万円となるため、一軒家を構えた夫婦もいるという。

さらに、二〇一四年度から新たな取り組みを始めた。ハローワークのマザーズコーナーとタイアップして、一般的な保育所の四月入園に合わせた採用活動を始めた。妊娠や出産で離職した女性の中途採用に向け、保育所事情にリクルート活動を合わせた。

戦略推進本部で採用・研修担当の加藤洋子さんは、「面接などをしているなかで、中途採用で人材を獲得するにあたり、待機児童が多いなかでは年度途中だと、肝心の保育園が決まらない問題に直面する。認可外に入れるのでは高くつく。認可保育園は、四月入園なら入りやすいため、一〇、一一月に応募をかけ面接し、採用結果を出す。一一月から一二月は保育園の申請時期。二月に結果を待ち、四月に入園して仕事も始めるというスケジュールで採用活動を開始した」と説明する。この採用方法で五人が決まった。

加藤さん自身、最初は子どもが保育所に入ることができず一時保育を利用しながらパートの事務員として働き、二年経ってやっと保育所に入ることができてフルタイムの正職員になった経験がある。「女性で絶対にフルタイムで働きたいという人には、自分が家計を支えなければならないという何かしらの事情があることが多い。誰でも働き続けることができる人事体制が必要だ」と、実感している。約三年前から採用担当になり、法人の中での存在感は大きくなっている。

こうしたワーク・ライフ・バランスが実現できれば、子育て中でもシングルマザーでも、誰もが働き続けることが可能なはず。森理事長は「職を求めても、シングルマザーということで就職が厳しい人にもうちで働いてもらいたい。未経験でもいい。シングルマザーを歓迎し、より働きやすくなるようにシェアハウスのようなものを作りたいと考えているところ。シングルマザーのワーク・ライフ・バランスは重要で、その実現に向けて業界にアドバルーンをあげたい」と構想を膨らませており、シングルマザーシェアハウスなどの情報収集に余念がない。

このような取り組みは、職員のモチベーションの向上や介護の質の向上にも寄与しているようだ。実際に合掌苑の介護施設を訪ねた時、玄関に入ってすぐ、職員がふと立ち止まっては笑顔で筆者の目を見て「こんにちは」と爽やかな挨拶をしてくれた。施設内を見学させてもらうと、トイレの前も清潔感が漂う。フリースペースで団欒中の女性の入所者が職員と笑顔で話しながら筆者を目にすると「誰に用？　遠慮しないでこっちにきなさい。いらっしゃい」とにこやかに誘い、なごやかなムードだ。シングルマザーのワーク・ライフ・バランスが実現できる職場では、仕事の質も向上すると筆者は確信を得た。

シングルマザーだけではなく、今後起こりうる、いや、現在起こっている家族の介護の問題などを考えれば、これから働き方に制限のつく社員が増えることは確実なものとなっている。過去五年間に介護・看護のための仕事を辞めた人は約五〇万人に上り、うち八割が女性となる。離婚という要因だけでなく、核家族化、非婚単身世帯の増加を考えても、男性にとっても、シングルで家族の誰かをみるということはもはや他人事ではない。労働者の「ライフ」の環境変化があるなかで、「ワーク」だけが長時間労働を固定化していては個々の人生も、企業も立ち行かなくなる。

これまでルポに登場してきたシングルマザーは、苦労をしながらも全員が「離婚して本当に良かった」と語っている。予期せぬ夫の他界でシングルマザーになった女性も、周囲のサポートを受けながら前向きに暮らしている。そして、彼女たちの望みはシンプルだ。働き、親として当たり前のことを子どもにしてあげたい――。

それを叶えることは、社会全体の財産になるはずだ。

# おわりに

二〇〇〇年前後からの超就職氷河期から特に雇用が劣化している。若年層に非正社員が激増し、それは結婚や出産にも影響を与えた。未婚・晩婚化が進むなか、その一方で逆境を乗り越えて結婚し、子どもに恵まれ家族ができて幸せを感じる生活を送っている人もいるだろう。

ただ、現在の雇用情勢からは、どちらかの収入がなくなる、極端に減るというリスクは常につきまとう。たとえ母子家庭でなくても、少ない収入で子どもを育てなければならない可能性はある。母子家庭の困難な状況は、現在の子育て期の抱える問題と重なる。

特に女性の就労状況は厳しい。今や女性の半数以上が非正社員だ。新卒採用であれば正社員で採用される可能性が高いが、全体として第一子の出産を機に離職する女性が六〜七割というトレンドはこの三〇年変わっていない。その後は正社員を望んでも非正社員になるケースが圧倒的である。既婚者で子どものある女性の転職では、約四割は年収が半分以下になってしまう。

ここへきて、さらに条件が悪くなっている。本文でも触れたが、男女雇用機会均等法が施行されて以降、約半数の女性の初職は非正規である。そうなれば当然、「妊娠解雇」にも遭いやすくなり、キャリアアップの機会がますます失われていく。その状態で母子家庭になれば、これまで記したような苦労を強いられるのは明らかだろう。

二〇〇七年、当時できた離婚の年金分割制度について取材をした際に、厚生労働省の担当者が、「女性の権利意識を目覚めさせるなと、ずっと自民党が反対していた」と話していた。こうした意識は自民党に限らないことで、今もなお、あらゆるところに差別意識が残り、シングルマザーの行く手を塞いでいるのだろう。

男女雇用機会均等法ができてから三〇年、同じ年に施行された労働者派遣法も後押しして、女性の雇用者数は増えたが、質は伴わないままだ。なぜなら、派遣法は輸出メーカーを向いた施行という意味合いが強かったからだ。前年にプラザ合意が結ばれ、為替が輸出メーカーに不利に働いたため、人件費削減が命題となった企業にとって、派遣法は都合が良かった。

働き方に選択肢が多いことは重要だ。それは非正社員にもメリットはあり、その働き方を望む人も少なくないが、使い捨てであってはならない。いまや、家計の補助ではなく大黒柱が非正社員という状況である。せめてフルタイムで非正社員というならば、同一労働同一賃金の実現は、非正社員を使う権利を得た企業の義務ではないか。

この問題は、国家レベルの問題に及ぶ。製造業の雇用と技術力について詳しいある人物は、「問題が大きすぎて表に出ていないが、若者の技術の平均値が既に東南アジアに負けている」と明かす。

伊藤忠商事の元経営者で中国大使も務めた丹羽宇一郎氏は著書『中国の大問題』（PHP新書）で、「新興国の技術力の進展を背景に、もはや日本の技術や支援は必要ない、日本抜きでも充分にやっていける、と自信をもち始めている」と指摘しており、正社員として雇いきちんと教育投資する意義を説いている。企業や社会にとってもっとも重要なのは雇用の安定で、教育にどれだけ力を入れるかで日本の進路が決定的になると示唆している。丹羽氏は筆者が若者の労働問題を追い始めた一二年前から「中間層が崩壊する」と、雇用の劣化が経済にもマイナスになると指摘してきた。

やはり、安心して働き、子どもを産み育てることができる社会。それが経済にとっても一番効果があるのではないか。これはまさに、母子家庭が健やかに過ごせることのできる雇用環境や社会の成熟度を指すはずだ。

「ＯＥＣＤ保育白書」には、このような記述がある。人的資本は、遺伝だけではなく、家庭・学校・職場などの環境によって生涯を通じて作られるものである。子どものウエルビーイングを作り出し強化するには、家庭環境が極めて重要だ。イギリスの社会経済的地位の高い家庭の子どもと低い家庭の子どもの認識発達は、生後二二カ月では一三％の違いがあるが、一〇歳になるとその差が二八％になるとされ、統計的に見て、親の経済格差の違いがあると同レベルの技能や知的資本をもつ可能性が低いとしている。

このような格差を連鎖させないためには、子どもへの支援はもちろん、やはり、親の就労体制をもっとバックアップしなければならない。きちんと能力に応じて雇用され、待遇を得ることができ、子どもに障がいがあった時などのケアが制度として受けられるという当たり前のことが実現さえすれば、本来は女性がシングルで子どもを育てていくことは十分可能なはずだ。保育所や学童保育などの充実も重要なセーフティネットとなり、これからの課題となる。

母子家庭になる過程には、男性の長時間労働も影響している。育児休業や育児短時間勤務などの制度が整っても、それを使って働き、子育てと家事をするのも基本的には女性で、男性は遅くまで働くという社会慣行に筆者は強い疑問を感じている。それらの制度はいわゆる「女性の権利」と思われがちだが、実は男性の権利でもあり、最終的には育てられる子どもの権利ではないのだろうか。その実現のためには、全世代のワーク・ライフ・バランスが図られなければならない。

母子家庭の現状から、この三〇年、四〇年で女性が何を得て、何を失ったのかを改めて考えなければならない。おりしも、国連が三月八日を国際女性デーと定めた一九七五年に筆者は生まれた。自分にとっても節目の年となる時に、改めて母子家庭の実情、女性の雇用そのものを正面から問う機会をくれた編集者の橋本陽介さんに深く感謝したい。本書がきっかけとなり、すぐそばにいるかもしれない母子家庭の置かれる現状を広く知ってもらう一助となればと思う。そして、もし自分が母子家庭になったならば、と想像してみて欲しいと思う。

実は、身近なところに母子家庭の存在があり、筆者の両親はともに母子家庭で育ち、奨学金を得て高校に進学した。筆者は幼い頃は社宅に住み、サラリーマンと専業主婦という典型的な一般の家庭で育った。母から「(一般的に)女性は経済的な理由で我慢することが多い。能力を伸ばして仕事をしたほうがいい」と、父からは「人は学歴ではない。職業に貴賤はない。社会に出てから何をするかが重要だ」と教えられてきた。それが、結果的に今の仕事に結び付いたのかもしれない。教育を受けさせてくれた両親にも改めて感謝したい。

二〇一五年四月

小林美希

ちくま新書
1125

ルポ 母子《ぼし》家庭《かてい》

二〇一五年五月一〇日 第一刷発行

著者 小林美希（こばやし・みき）

発行者 熊沢敏之

発行所 株式会社 筑摩書房
東京都台東区蔵前二-五-三 郵便番号一一一-八七五五
振替〇〇一六〇-八-四一二三

装幀者 間村俊一

印刷・製本 三松堂印刷 株式会社



乱丁・落丁本の場合は、左記宛にご送付下さい。
送料小社負担でお取り替えいたします。
ご注文・お問い合わせも左記へお願いいたします。
〒三三一-八五〇七 さいたま市北区櫛引町二-六〇四
筑摩書房サービスセンター 電話〇四八-六五一-〇〇五三



ISBN978-4-480-06829-3 C0236

## ちくま新書

883
ルポ 若者ホームレス
飯島裕子
ビッグイシュー基金
近年、貧困が若者を襲い、20～30代のホームレスが激増している。彼らはなぜ路上暮らしへ追い込まれたのか。貧困が再生産される社会構造をあぶりだすルポ。

897
ルポ 餓死現場で生きる
石井光太
飢餓で苦しむ10億人。実際、彼らはどのように暮らし、生き延びているのだろうか？　売春、児童結婚、HIV、子供兵など、美談では語られない真相に迫る。

955
ルポ 賃金差別
竹信三恵子
パート、嘱託、派遣、契約、正規……。同じ仕事内容でも、賃金に差が生じるのはなぜか？　非正規雇用という現代の「身分制」をえぐる、衝撃のノンフィクション！

1029
ルポ 虐待
――大阪二児置き去り死事件
杉山春
なぜ二人の幼児は餓死しなければならなかったのか？現代の奈落に落ちた母子の人生を追い、女性の貧困を問うルポルタージュ。信田さよ子氏、國分功一郎氏推薦。

1072
ルポ 高齢者ケア
――都市の戦略、地方の再生
佐藤幹夫
独居高齢者や生活困窮者が増加する「都市」、人口減や市街地の限界集落化が進む「地方」。正念場を迎えた「高齢者ケア」について、先進的事例を取材して考える。

809
ドキュメント 高校中退
――いま、貧困がうまれる場所
青砥恭
高校を中退し、アルバイトすらできない貧困状態へと落ちていく。もはやそれは教育問題ではなく、社会を揺るがす問題である。知られざる高校中退の実態に迫る。

1020
生活保護
――知られざる恐怖の現場
今野晴貴
高まる生活保護バッシング。その現場では、いったい何が起きているのか。自殺、餓死、孤立死……。追いつめられ、命までも奪われる「恐怖の現場」の真相に迫る。

# ちくま新書

606 持続可能な福祉社会 ——「もうひとつの日本」の構想　広井良典

誰もが共通のスタートラインに立つにはどんな制度が必要か。個人の生活保障や分配の公正が実現され環境制約とも両立する、持続可能な福祉社会を具体的に構想する。

649 郊外の社会学 ——現代を生きる形　若林幹夫

「郊外」は現代社会の宿命である。だが、その輪郭は捉え難い。本書では、その成立ちと由来を戦後史のなかに位置づけ、「社会を生きる」ことの意味と形を問う。

659 現代の貧困 ——ワーキングプア／ホームレス／生活保護　岩田正美

貧困は人々の人格も、家族も、希望も、やすやすと打ち砕く。この国で今、そうした貧困に苦しむのは「不利な人々」ばかりだ。なぜ？ 処方箋は？ をトータルに描く。

736 ドキュメント 死刑囚　篠田博之

児童を襲い、残虐に殺害。死刑執行された宮崎と宅間。そして確定囚の小林。謝罪の言葉を口にすることなく、むしろ社会を挑発した彼らの肉声から見えた真実とは。

772 学歴分断社会　吉川徹

格差問題を生む主たる原因は学歴にある。そして今、日本社会は大卒か非大卒かに分断されてきた。そのメカニズムを解明し、問題点を指摘し、今後を展望する。

784 働き方革命 ——あなたが今日から日本を変える方法　駒崎弘樹

仕事に人生を捧げる時代は過ぎ去った。「働き方」の枠組みを変えて少ない時間で大きな成果を出し、家庭や地域社会にも貢献する新しいタイプの日本人像を示す。

787 日本の殺人　河合幹雄

殺人者は、なぜ、どのように犯行におよんだのか。彼らにはどんな刑罰が与えられ、出所後はどう生活しているか……。仔細な検証から見えた人殺したちの実像とは。

813
それでも子どもは減っていく
本田和子
出生率低下は成熟社会に伴う必然。「少なく産みたい」女性の実態を明かしつつ、子どもが「少なく存在すること」の意味を追求し、我々が彼らに託すものを展望する。

817
教育の職業的意義
――若者、学校、社会をつなぐ
本田由紀
このままでは、教育も仕事も、若者たちにとって壮大な詐欺でしかない。教育と社会との壊れた連環を修復し、日本社会の再編を考える。

853
地域再生の罠
――なぜ市民と地方は豊かになれないのか？
久繁哲之介
活性化は間違いだらけだ！　多くは専門家らが独善的に行う施策にすぎず、そのために衰退は深まっている。このカラクリを暴き、市民のための地域再生を示す。

855
年金は本当にもらえるのか？
鈴木亘
本当に年金は破綻しないのか？　政治家や官僚は難解な用語や粉飾決算によって国民を騙し、その真実を教えてはくれない。様々な年金の疑問に一問一答で解説する。

880
就活エリートの迷走
豊田義博
超優良企業の内定をゲットした「就活エリート」。彼らが入社後に、ことごとく戦力外の烙印を押されている……。採用現場の表と裏を分析する驚愕のレポート。

923
原発と権力
――戦後から辿る支配者の系譜
山岡淳一郎
戦後日本の権力者を語る際、欠かすことができない原子力。なぜ、彼らはそれに夢を託し、推進していったのか。忘れ去られていた歴史の暗部を解き明かす一冊。

937
階級都市
――格差が街を侵食する
橋本健二
街には格差があふれている。古くは「山の手」「下町」と身分によって分断されていたが、現在もその構図は変わっていない。宿命づけられた階級都市のリアルに迫る。

## ちくま新書


329
教育改革の幻想
苅谷剛彦
新学習指導要領がめざす「ゆとり」や「子ども中心主義」は本当に子どもたちのためになるものなのか？　教育と日本社会のゆくえを見据えて緊急提言する。

359
学力低下論争
市川伸一
子どもの学力が低下している⁉　この認識をめぐり激化した巨大論争を明快にときほぐし、あるべき改革への第一歩を提示する。「ゆとり」より「みのり」ある教育を！

399
教えることの復権
大村はま
苅谷剛彦・夏子
詰め込みかゆとり教育か。今再びこの国の教育が揺れている。教室と授業に賭けた一教師の息の長い仕事を通して、もう一度正面から「教えること」を考え直す。

679
大学の教育力
——何を教え、学ぶか
金子元久
日本の大学が直面する課題を、歴史的かつグローバルな文脈のなかで捉えなおし、高等教育が確実な「教育力」をもつための方途を考える。大学関係者必読の一冊。

742
公立学校の底力
志水宏吉
公立学校のよさとは何か。元気のある学校はどんな取り組みをしているのか。12の学校を取り上げた本書は、公立学校を支える人々へ送る熱きエールである。

758
進学格差
——深刻化する教育費負担
小林雅之
統計調査から明らかになった進学における格差。なぜ今まで社会問題とならなかったのか。諸外国の奨学金のあり方などを比較しながら、日本の教育費負担を問う。

828
教育改革のゆくえ
——国から地方へ
小川正人
二〇〇〇年以降、激動の理由は？　文教族・文科省・内閣のパワーバランスの変化を明らかにし、内閣主導の現在、教育が政治の食い物にされないための方策を考える。

ちくま新書

1109
食べ物のことはからだに訊け！
——健康情報にだまされるな
岩田健太郎
○○を食べなければ病気にならない！　似たような話はたくさんあるけど、それって本当に体によいの？　巷にあふれる怪しい健康情報を医学の見地から一刀両断。

1025
医療大転換
——日本のプライマリ・ケア革命
葛西龍樹
無駄な投薬や検査、患者のたらい回しなどのシステム不全を解決する鍵はプライマリ・ケアにある。家庭医という「あなた専門の医者」が日本の医療に革命を起こす。

998
医療幻想
——「思い込み」が患者を殺す
久坂部羊
点滴は血を薄めるだけ、消毒は傷の治りを遅くする、抗がん剤ではがんは治らない……。日本医療を覆う、根拠のない幻想の実態に迫る！

844
認知症は予防できる
米山公啓
適度な運動にバランスのとれた食事。脳を刺激するゲーム？　いまや認知症は生活習慣の改善で予防できる！　認知症の基本から治療の最新事情までがわかる一冊。

319
整体　楽になる技術
片山洋次郎
心理学でいう不安は整体から見れば胸の緊張だ。腰椎を緩めれば解消する。不眠などを例に身体と心のコミュニケーションを描き、からだが気持ちよくなる技術を紹介。

668
気まぐれ「うつ」病
——誤解される非定型うつ病
貝谷久宣
夕方からの抑うつ気分、物事への過敏な反応、過食、過眠……。今、こうした特徴をもつ「非定型うつ病」が増えつつある。本書はその症例や治療法を解説する一冊。

674
ストレスに負けない生活
——心・身体・脳のセルフケア
熊野宏昭
ストレスなんて怖くない！　脳科学や行動医学の知見を援用、「力まず・避けず・妄想せず」をキーワードに自分でできる日常的ストレス・マネジメントの方法を伝授する。